目にやさしい大活字

できる人を見抜く面接官の技術

谷所 健一郎 著

C&R研究所

◉面接チェックシートのダウンロードについて

138～139ページで紹介している「面接チェックシート」は、C&R研究所のホームページからダウンロードすることができます。ダウンロード方法については、215ページを参照してください。

はじめに

求人難の時代だから採用できないという考え方は、間違っている。中小企業やベンチャー企業であっても自社で必要な人材を確保している企業がある。採用できる企業とそうでない企業の違いは、自社の強みや魅力を明確に打ち出して応募者の興味を引き付けることと、面接官の資質にあるといっても過言ではない。採用できない面接官は、自社の体制や採用市場を考えて採用は難しいと最初から諦めてしまう。採用できる面接官は、自社の魅力と応募者が活躍できる企業であることを積極的にアピールし、人材を確保している。採用できない面接官は、面接官の暗い表情が応募者に伝わり、自社の魅力をアピールできていない。応募者は面接官を通じて企業の実態を見極めている。素晴らしい企業であっても目の前の面接官に覇気がなく、熱意を感じなければ、自分に合う企業だとは感じない。いくら求人広告費をかけても面接が成功しなければ人材を確保できず、企業は間違いなく衰退していく。

私は、人事として月間約五十名の正社員を日本全国で採用し、新卒採用を合わせると年間七百名近い採用を行ってきた。面接を行った数は、延べ人数で一万人を越える。一日に数十名の面接を実施することもあったが、大切にしてきたことは、自社へ応募してくれたことへの感謝の気持ちだ。応募者と信頼関係を構築し、形式的な面接では見抜けない応募者の本質を理解しなければ、企業が採用したいと考えても応募者は去っていく。短い面接時間で応募者と信頼関係を築ける面接官は、自社で必要な人材を採用できる。

私は、現在、企業の採用コンサルティング、求職者支援を中心に活動しているが、経営者、採用担当者から採用がうまくいかないという声をよく聞く。内定辞退が多い、入社後すぐに辞めてしまうという原因の多くは、採用時の面接にある。本書では、採用で最も大切な面接について、人を見抜く面接技術と面接官として必要なマインドについて余すところなく記載した。

本書をお読みになり、自社で必要な人材を確保し企業が発展することを心から祈願する。

谷所　健一郎

二〇〇八年五月

Sense of recruiters
CONTENTS

第3章 面接は応募者への営業活動そのもの

CONTENTS

第4章 まずは求職者の本音・傾向を知る

第5章 面接官が陥りやすい傾向はこれだ

第1章

採用活動の本質を原点から見直せ

Sense of recruiters

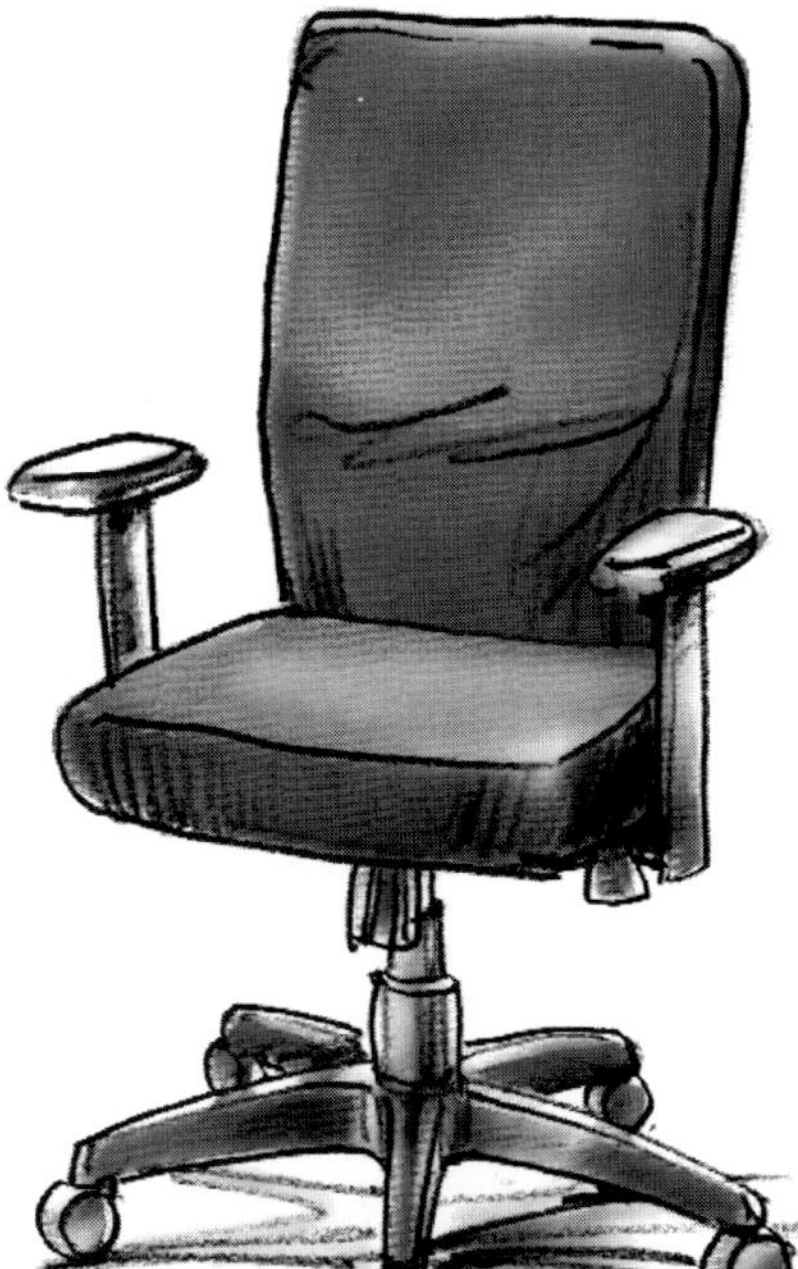

Sense of recruiters

旧態依然とした採用手法を改めよ

今までと変わらない募集広告を掲載しても応募者が集まらない、内定を出しても辞退が多いという声をよく聞く。最近では、求職者の志向や求めることが変わってきており、労働人口そのものが減少していることも影響し、採用が難しい状況になってきている。募集媒体も有料求人誌からインターネットやフリーペーパーが中心となり、特にインターネット求人サイトの求人件数が大幅に伸び、人材紹介会社の数も増えている。

このような状況を認識せず、求人広告を掲載すれば採用できるという考えでは、自社に見合う人材は確保できないだろう。募集広告はハローワークと新聞だけと、かたくなに考え方を変えない採用担当者では企業の将来は危ういかもしれない。企業が求職者とコンタクトを取る方法は、採用したい人材にアプローチできる適切な手段を検討しなければいけない。

在職中の求職者は、普段、仕事をしているので転職活動に時間を割くことは難しいが、自宅に帰ってからインターネットで興味のある企業に応募することはできる。企業とのやり取りも、通常、電子メールで行うが、決まりきった文面ではなく、応募者向けのメッセージを送っている企業は採用成績がよい。

スカウト機能を備えている求人サイトは、求人難の時代では、企業側から求職者へ近づいていく絶好の手段だ。求人サイト登録者の職務経歴や自己PRを見て、企業から求職者に対して、アプローチをかけることで求職者の気持ちを自社に向けさせている。**求人広告を掲載すればあとは待つだけでは、採用できない**のだ。

求人難の時代でも優秀な人材を採用している企業があるが、彼らは、「求人難だから採用できない」という言い訳をしない。自社に目を向けさせるために、市場を分析したうえで、求人広告に掲載する内容や採用手法を企業側の目線ではなく、求職者の立場になって考えている。応募者が集まらない企業は、**求職者があなたの企業をどのように捉えているか分析し、既存の採用方法を見直す**ようにしよう。そして内定辞退が多い企業は、面接手法について考えてみなければいけない。

Sense of recruiters

「採ってやる」というスタンスを改めよ

採用側に採否の決定権があるのをいいことに、「採ってやる」という姿勢で面接を行っている面接官がいる。確かに採否の決定権は企業側にあるが、**内定後、入社するか否かは、求職者が決める**ことだ。上から目線で志望動機、退職理由など、一通りの質問を無表情で行うような面接官では、内定は出せても採用はできない。このような面接官は、黙っていても人が採れる時代を引きずっている人であり、採用の主導権は面接官にあると考えている。

上から目線の面接官は、応募者に、入社後の活躍する姿をイメージさせられない。**応募者は面接官を通じて企業の社風や雰囲気を判断する**ことを考えれば、偉そうな態度の面接官では決して好感を抱かないだろう。

「応募者はあらかじめ好まれる回答を用意してくるのだから、面接では見極められない」とある社長から言われたことがあるが、このような考えであれば、見極めるどころか、応募者が面接を受けることで入社意欲が失せてしまうだろう。
面接を通じて応募者と言葉のキャッチボールをする必要がある。言葉のキャッチボールとは、応募者の回答に興味を持ち、面接官がさらに質問を行う状況で、一方的に応募者が回答をするものとは異なる。言葉のキャッチボールを行うためには、面接官は応募者の言葉を真剣に聞き、興味のある内容についてさらに詳しく聞く姿勢が求められる。応募者は、面接官がさらに質問することで、回答に興味を持たれていることを実感し、自分の言葉で話をする。

「採ってやる」という姿勢を改め、面接官が応募者に興味を持ち、真剣に話を聞く態度や表情が、応募者の気持ちを動かすのだ。

応募者が嫌う面接官	応募者が好感を持つ面接官
●上から目線でふてぶてしい態度 ●応募者の回答を真剣に聞こうとしない ●意味もなく回答に困る質問をする ●決まった質問を一方的に行う	●回答を真剣に聞き、さらに質問を繰り返す ●偉そうな態度ではなく、対等な立場で質問をする ●応募者の回答や状況を理解しようとする ●応募してくれたことに感謝をしている

Sense of recruiters

応募者も企業を選んでいることを把握せよ

新卒採用では、就職活動が長期化しているため、内定が取れても就職活動を継続する学生も多い。転職採用では、次の就職は失敗したくないという気持ちから、自分に合う企業を見つけるための企業選択に慎重になっている。

インターネットで簡単に求人情報を得ることができるのも、求職者が企業を選ぶ時代になっている要因の一つだ。求人サイトだけでなく、企業ホームページ、社長のブログ、さらには掲示板に記載されている情報から、企業を見極めている。

転職が当たり前の時代になり、求職者は長く勤められる企業を求めているものの、嫌なら転職すればいいという考えが根底にある人も増えている。自分に合う企業がどこかに存在するという青い鳥を追いかけるような求職者もいる。応募者は、応募の際の担当者の応対や面接で来社した際の社内の雰囲気、そして何よりも面接官の言動から企業を見極めている。企業を選ぶ基準は求職者によりさまざまだが、共通していえることは、**応募企業で働く社員や面接官に温かさがなく、人間味がない企業は敬遠される**傾向がある。

新卒採用では会社説明会やセミナーを通じて社風や企業内容について知ることができるが、転職採用では面接が応募企業を直に把握する唯一の機会になっている。応募者が企業をより知りたいという気持ちを踏みにじり、面接官が一方的に質問をするだけの面接であれば、自分に合う企業かどうかを知る由もなく、入社後の不安が大きくなるのだ。

応募者は、あなたの会社だけを受けているわけではない。**同業他社と比較して会社を選んでいる状況であることを理解し、面接を行う**必要がある。

求職者が企業を選別する方法

- 求人要綱、インターネットなどの情報
- 知人や家族の情報
- 応募時の企業の対応
- 面接で訪れたときの応対
- 面接で訪れたときの社員の雰囲気
- 面接官の態度・表情・説明
- 採否決定までの期間

Sense of recruiters

自社で求める人材を把握せよ

自社で求める人材を明確にして面接を行っているだろうか？　求める人材に見合う応募者がいるかどうかもわからないという理由で自社にふさわしい人材像を考えず、経験や適性があるから採用という面接では、採用はできても自社で貢献できる人材かどうか疑問がある。

職務経験だけを評価するならば、何も面接を行う必要はない。面接の目的は、自社で必要とする職務能力だけでなく、自社の社風に合致し、能力を発揮できる人材かどうかまで見極めることだ。そのためには、募集の目的、必要とする職務能力、自社で活躍する人間性を面接官が把握していなければ、面接の目的は達成できない。

すべてを兼ね備えた応募者がいるとは限らないが、採用基準で優先する部分と譲歩できる部分について面接官は把握していなければいけない。複数の面接官で面接を行う場合は、面接官同士が事前のコンセンサスを取っておかなければ、面接官の好き、嫌いで採否が決定されてしまう可能性がある。

面接官は、採否の判断をすることが業務ではない。自社にふさわしい人材を見極めたうえで採用を行い、**採用した人材が戦力として貢献できなければ、面接官の果たす役割は何もなしていない**のだ。

採用後、「仕方なく採用した」「頑張ると思ったのに……」など、言い訳をする面接官がいるが、他人事のように採用後は我関せずという態度では、できる人材を採用することは難しいだろう。

面接官は、企業と応募者に対して採用することへの責任を持たなければいけない。「妥協して採用した」「現場が悪い」という言い訳は通らないのだ。

そのためには、自社で活躍できる人材を見極める確かな目と、入社後、採用した人材が活躍できるまで面倒を見る責任感が面接官には求められる。他社で活躍してきた応募者でも、自社で同様に活躍できるとは限らない。**自社の風土や職務内容を面接官は充分に把握したうえで、不足している場合はどのように補填するかまで考えて採用を行う**必要がある。自社で求める人材について面接前に箇条書きにして記載してみよう。

Sense of recruiters

学歴・前職だけで採用してはいけない

これまで応募をしてこなかった有名大学出身者からの応募があると、学歴だけを見て優秀だと判断して採用してしまうケースがあるが、**応募者が何をやりたいのかを確認し、自社で受け入れられる土壌があるのかを見極める必要がある。**

二十五歳以下の転職者であれば職務経験が浅いので学歴も採用の判断材料になるが、二十五歳を超える応募者であれば学歴以上に職務経験が自社で求める人材かどうかが採否のポイントになる。

前職が一流企業だから自社で活躍できるとは限らない。一流企業出身者が専門分野に特化した業務はできても総合的なマネージメント能力に欠けるケースがある。さらに前職の労働環境や待遇と何かにつけて比較してしまい、せっかく入社しても再び転職ということも多い。

中小企業経営者や採用担当者のなかには、一流企業や一流大学出身者が応募してきたことに舞い上がり、応募者の本質を見ずに「できる人」だと判断して採用してしまう傾向がある。しかし、採用後、思うような実力を発揮しないと、採用時の評価とは裏腹に「使えない人材」だとすぐに決め付けてしまい、結果、新入社員は辞めていくことになるのだ。

学歴や前職の企業名だけで判断せず、先入観を持たずに他の応募者と同様に面接を行い、学歴や前職に捉われず、採用後にどのような活躍をする人材か、職務能力、適性、人間性を総合的に見極めることが求められる。

優秀な人材が応募してくるという事実は、魅力のある企業であることに間違いない。企業をより発展させていくためには、優秀な人材を活かせる制度や組織を構築していくことも考えよう。

学歴や前職の企業名で先入観を持たず冷静な判断を行う

- 自社の志望理由が具体的であり納得できるか
- どのようなキャリアプラン・キャリアゴールを描いているか
- 自社で彼らを受け入れる土壌があるか
- 強みは何か、その強みを自社で発揮できるか

Sense of recruiters

入社後のデータを活用せよ

実際に企業に貢献している既存社員を分析してみると、自社で活躍する人材の職務能力、適性、人間性が見えてくる。さらに自社ですぐに辞めていく社員の特性を調べると、優秀だから活躍できる人材とは限らず、独自の特徴を見出せるはずだ。**入社後のデータから活躍する人物像を読み取ることで、面接官は感覚で採用を行うのではなく、客観的に採否を判断できる。**

面接官の好き嫌いで採用を行うと、偏った社員が増えてしまい、面接官の志向が会社で必要な人材であれば問題ないが、たとえば人当たりがいい人材だけを採用すれば、いつのまにか企業にはイエスマンしか存在しなくなる。

転職回数が多い応募者はすぐに辞めると面接官が決め付ければ、転職回数があってもやる気のある人材を採用できない。自分を優秀だと思っている社員より、何らかのコンプレックスがあって克服しようとする社員が伸びるケースはいくらでもある。転職回数が多くても採用してくれた企業に恩義を感じれば、順風満帆に過ごしてきた社員以上に頑張る人もいる。

面接時に自社に対しての思いが強く、熱意を評価して採用することがあるが、思いや熱意が強いだけで入社すると、会社への期待が大きいため、「こんなはずでは……」とすぐに辞めていく人もいる。

面接では、面接官の先入観で人を判断してはいけない。面接を数多く経験している人であれば、面接時はそれほど魅力がなかったが、入社後、予想と裏腹に非常に伸びた社員がいるはずだ。

面接官は、過去のデータからなぜ伸びたのか、なぜ貢献できなかったのかという原因を感覚ではなく、データを分析して探ってみると、活躍できる人とそうでない人の違いが見えてくる。

客観的に判断するデータを持つ

- 採用後に活躍している社員の共通点を分析する
- 短期間で退職する社員の共通点を分析する

先入観で採用を行わない

- 転職回数が多いから採用できないという先入観を持たない
- 熱意があるから貢献できるという先入観を持たない

COLUMN

マンネリ化が悪の根源

求職者に対し、企業で求めている人材を意識して職務経歴書を書くように指導すると、書類選考が通ります。相手が欲しがるものを提供しようとする姿勢は、応募者自身が商品だという捉え方です。採用業務も同様に、求職者が求めているものを考えず、マンネリ化した求人広告を変わらずに掲載していればよい結果は出ません。応募者の姿を意識せず、改善意識がないマンネリ化した仕事ほど怖いものはありません。私自身、新卒採用、転職者採用の双方を行っていたため、新卒採用が忙しくなると、転職者採用がおろそかになり、求人広告や面接を事務的に処理したときがありました。そうすると応募者の反響が極端に悪くなり、さらに内定辞退が起きてしまいました。マンネリ化した採用業務は自己中心的に仕事を捉えるため、応募者が二の次になってしまい、応募者の気持ちを自社に向けさせることができません。「これでいいのか？」と悩み、苦しんだときほど、よい結果につながります。

第2章

面接官の資質で採用の成否が決まる

Sense of recruiters

Sense of recruiters

面接官以上の人材は採用できない

応募者は、**面接官から企業の社風や社員像をイメージ**する。多くの応募者は、面接官に好感を持てないと企業に対してもよいイメージを持たない。面接官のレベルの低さから、企業のレベルも同等と捉えてしまう。

応募者が抱く面接官のレベルは、自社の知識、専門知識、愛社精神が大きく影響する。応募者が質問をしても的確な回答がない場合や、面接官の言葉が投げやりであれば、入社しても満足のいく仕事ができないと判断するのだ。

中小企業の社長が面接を積極的に行い、優秀な人材を採用しているケースがあるが、社長自ら応募者へ自社の現状や将来を熱く語ることで、応募者の気持ちを自社に引き寄せている。

内定を辞退されると内定者について悪く言う面接官がいるが、応募者が悪いのではなく、面接官の語る言葉に魅力を感じなかったことが原因の一つだ。面接官との信頼関係があれば、入社を迷っている段階で面接官に相談があることも多い。いきなり内定辞退の連絡を入れてくる状況は、応募者だけに問題があるのではなく、面接官が応募者に自社の素晴らしさをアピールできなかったのだ。

以前は、優秀な社員がいない企業だからこそ実力を発揮するチャンスがあると考える応募者もいたが、現在は、人を蹴落としてまで昇格したいと考えるより、優秀な社員のいる企業の一員となって安定した仕事をしていきたいと考える応募者が多い。

面接官から応募者は、自分の将来像をイメージしてしまう。**優秀な人材を採用するためには、面接官は応募者にとってカッコイイ存在である必要がある。**

応募者が考えるレベルの高い面接官

- 企業の組織、経営状況などを把握している
- 採否の権限がある
- 職種について対等に会話ができる
- 面接を通じて、自社への愛社精神を感じる
- 質問について的確な回答ができる
- 落ち着きがあり、温かみを感じる

Sense of recruiters

「採れない」と考えている面接官は採用できない

できないと思って仕事をしていても成功はしないが、面接も採れないと考えていれば、採用は難しい。知名度がない、企業規模が小さい、組織や労働環境が不備など、自社のマイナス面を面接官が気にしながら採用していると、言葉に出さなくても応募者に面接官の気持ちが通じてしまう。面接官が応募者を見極めるように、**応募者も面接官の態度や表情から企業の実態を探ろうとしている**のだ。

優秀な面接官や経営者は、不備な点を上回る自社のよさを熱く語ることができる。企業規模が小さいことをデメリットと考えず、自社の強みとして面接に臨んでいる。自社を誇りに思い、面接を行う姿が、応募者に安心感を与えているのだ。デメリットを自社がよくなる過程だと捉えて応募者と会話をするため、面接官の自信に溢れた言葉に力強さを感じ、仲間として働きたい企業だと気持ちが動くのだ。

面接で応募者は、面接官の説明だけでなく、表情、態度、仕草から企業の実態を見抜いている。**面接官は応募者を幸せにできる企業だという信念で向き合うことが大切**だ。

私は美容業界で採用に携わったことがあるが、入社後、技術を専門学校で学ぶために、社員として給与をもらいながら本人も五十万円の費用を負担する制度で採用を行っていた。私は応募者の立場になって、技術が美容界では重要性であり、身に付けた技術は将来の財産になることを面接で応募者に説明した。このとき、社員に費用負担をさせるようでは採用できないという気持ちが少しでもあれば、月間五十名の採用はできなかっただろう。

応募者の幸せを真剣に考えて面接を行うことで、気持ちが応募者に伝わったと理解している。

「採れない」と考える面接官	「採れる」と考える面接官
●自社の状況に不信感を持っている	●自社を誇りに感じている
●自社の不備を改善途中だと考えない	●自社の将来性を確信している
●「なぜ当社なんかに」という気持ちで面接を行う	●自社に入社して応募者が幸せになると確信している

Sense of recruiters

応募者が話しやすい雰囲気を作れ

表情、態度、語調が終始、厳しい面接官であれば、応募者は入社したいとは思わないだろう。厳しい表情や語調であれば、応募者も緊張して本心を語ろうとしないため、応募者のよい面や本質を見極められない。人間関係はお互い鏡の関係だといわれるが、面接官が厳しい表情、態度であれば、応募者も萎縮して厳しい表情になる。

面接で大切なことは、応募者を萎縮させることではなく、**話しやすい環境を作って本質を見極めること**だ。そのためには、面接官が選別しているという態度ではなく、応募者と向き合い、会話がしたいという雰囲気を作る必要がある。

求人難の時代では、応募者は他社と比較して自分に合う企業を見つけている。面接は、応募者が面接官を面接している場でもあるのだ。自社にふさわしい人材は、他社でも欲しがる人材であることが多い。そのためには、応募者が面接官との会話からワクワクする気持ちになり、他社以上の魅力を感じなければ、入社したい企業にはならない。

少なからず、応募者は面接で緊張しているが、輪をかけて面接官が厳しい表情、態度、語調であれば会話が成立しないだけでなく、面接官に魅力を感じず、その場から逃げ出したいと感じる応募者もいるだろう。

優秀な面接官は、応募者が話したくなるような雰囲気作りに長けている。**応募者の回答に相づちを打って理解をしている態度を示す**と、本音で話をする。信頼関係を構築しなければ、面接で応募者を見抜くことはできない。採否の決断は、面接後に決めればいい。**面接では、応募者が語りやすいように、表情、態度、語調を意識し、笑顔で対応**しよう。

好感を持たれる面接官の態度・表情・語調

- 面接を受けてくれたことに感謝の気持ちを持つ
- 応募者の回答に相づちを打って興味を示す
- 口角を意識的に上げ、応募者を受け入れる視線を作る
- 語調はソフトで、回答を中断しない
- 低音の面接官は半音上げて話をする

Sense of recruiters

経営者の分身として応募者と接しよ

自社への思いを感じさせない面接官では、応募者はぜひとも入社したい企業だとは考えない。面接官との言葉のやり取りや表情を通じて、面接官の愛社精神を応募者は感じる。なぜ現在の企業を選んだのか、知人を自社へ入れたいと考えるか、面接官自身が自問自答してみよう。

自社への思いがない面接官は、応募者をぜひ採用したいという熱意に欠ける。自社を誇りに思っていれば自分が採用した人材に対して何としてでも入社してもらいたいと考えるが、思いがない面接官は仕方がないと簡単にあきらめ、内定を辞退されてもそれほど落ち込みはしない。

経営者が自社へ思いを寄せる気持ちと同様に、面接官は経営者の分身として応募者に接する必要がある。自社を少しでもよくしたいと考える経営者は、必要な人材を何としてでも確保したいと考えるはずだ。

私が採用支援をしている企業の経営者に対して、最終面接で経営者自らぜひ入社してもらいたいことを伝え、内定を受ける意志を確認したうえで、応募者と握手をするようアドバイスを差し上げた。ほぼ１００％に近い応募者が社長との握手に感動し、顔を紅潮させたそうだ。それまで内定辞退が多かった企業だが、内定辞退者はほとんどいなくなった。

応募者は、社員が自社を誇りに感じ、自分を必要としてくれる企業へ入社したいと考えている。**面接官は、経営者の分身として応募者を見極め、自社への思いを語る必要がある。**面接官の熱い思いが応募者に通じたとき、応募者も胸が熱くなり仲間に加わって貢献したいと感じるのだ。

面接官としての「自社への思い」のチェックポイント

- 経営者の分身として面接を行えるか
- 知人に入社を勧められる企業か
- 自社で必要な人材を何としでも採用したいと思うか
- 企業は人材で成り立っていると実感しているか
- 自社の問題点を改善していくことを考えているか
- 採用する人材を幸せにしたいと考えているか

Sense of recruiters

自社の強みを誇り伝えよ

面接官が自社の強みを語れなければ、応募者の気持ちを動かすことはできない。自社の業界における位置付け、将来性、新規事業などについて明快に語る面接官に応募者は魅力を感じる。どの企業も市場で受け入れられている限り、ウリとなる強みがあるはずだ。面接官が自社の強みを積極的にアピールすることで、応募者は他社と比較するうえでの重要な情報になる。

強みを語れる面接官は、自社を誇りに思っており、言葉に重みがある。自社の弱い部分があってもこれから改善改革をしていく段階であり、競合他社と比較して優れた企業であると熱意を持って伝えれば、応募者に面接官の信念が伝わる。

仕事に追われている日常では自社の強みなどあまり考えないかもしれないが、自社の強みを冷静に考えてみると素晴らしい点を発見することは多い。企業を立て直すために入社する人は別だが、通常、応募者は衰退していく企業には興味がない。転職者のなかには、企業が衰退していくことで転職を余儀なくされる人もいる。彼らの多くは、経営状況に問題がなく、業績が安定している企業へ入社を希望している。再び会社都合で転職をしたいとは考えない。

自社の強みを漠然と捉えるのではなく、明確にすることで、面接官が応募者へ語る熱意が変わるはずだ。「なぜ当社を志望するのだろう?」と疑問を持ちながら面接を行うのではなく、「ようこそ当社へ」と自信を持って語れるようにしよう。

応募者を受け入れたいという姿勢で自社の強みを語る面接官の言葉と表情が、応募者の気持ちを動かすのだ。

企業の強みを認識する

- 自社商品の特徴・優位性
- 資金力
- 同業他社と比較した位置付け
- 過去数年間の成長率
- 人事定着率
- 平均給与
- 新規業態について

Sense of recruiters

自社の現状と将来像を語れる面接官になれ

自社の現状についてきちんと応募者に説明できるか自問自答してみよう。また、公開できない情報以外は、真剣に入社を考えている応募者に対して自社の将来像を説明しなければいけない。

現状に関わる質問では、**売上高、経常利益、資本金、自己資本比率、市場占有率など、人事関連以外の内容も理解しておく**ようにしよう。面接官は経営者の分身であり、企業を代表して面接を行っていることを忘れてはいけない。売上高や自己資本比率を知らない経営者はいないはずだ。応募者の疑問について速やかに答える面接官に対して、仕事ができる人だとイメージする。

求人要綱に記載されている内容についても事前に確認をしておこう。応募者が記載されている内容について質問したとき、わからないという回答では責任ある採用を行っているとは到底思えない。記載されている内容と異なる回答であれば、応募者は不信感を抱く。

応募者が質問をするとき、面接官の力量を見ている。「御社の将来の展望は？」と聞かれて「社長しか答えられない」と言えば、応募者は面接官の仕事に対する姿勢を疑う。**自社の新規事業計画や将来像についても公開できる範囲で説明**を行おう。新規事業計画について質問をされて「社外秘なので答えられない」と一言で終わらせれば、応募者は嫌な気分になるだろう。「公にできないが、○○の分野で現在、研究開発を行っており……」など、応募者が興味を示す答え方があるはずだ。

面接官が把握すべきこと

- 前年の採用人数
- 人事定着率
- 平均勤続年数
- 平均年齢
- 賞与実績
- 育児休暇などの実績
- 売上高（過去五年間の伸び率を含む）
- 経常利益
- 資本金（自己資本比率）
- 自社の将来像について
- 出店予定　　など

Sense of recruiters

働くうえでのワクワク感を応募者に伝えよ

応募者をワクワクした気持ちにするためには、面接官が現状の仕事を楽しんでいなければいけない。面接官が仕事にやりがいや面白さを感じていると、応募者との会話の内容が前向きになり、面接官の気持ちが伝わる。

応募者が入社を躊躇する理由は、面接官を見て仕事のやりがいを見出せないと感じているからかもしれない。事務的に面接を行っていれば、自社の説明も求人広告に記載されている内容にとどまり、応募者に感動は与えられない。

面接終了後、応募者が入社したいと感じると、顔が紅潮し、やりたいことが実現できると胸が躍る。活躍する自分の姿をイメージしてワクワクした気持ちになる。ワクワクした気持ちになれない場合、新卒採用であれば、自分に合う企業を見つけるために、長期間、就職活動を継続する。転職採用であれば、応募は気軽にできても、いざ内定を取ると正しい選択か迷い、転職を戸惑うことが多い。

内定辞退が多い面接官は、決まった質問を表情を変えずに行っているため、応募者にワクワク感を提供していない。**ワクワク感は、応募者の立場になり、求めていることが実現できる企業だとイメージさせること**だ。

面接官が応募者の求めている本質を理解しなければ、ワクワク感は提供できない。「何もそこまでやらなくても」と感じている面接官は、自分の内定辞退率を調べてみよう。二割以上であれば、面接官に問題があるといえる。**応募者のモチベーションを上げることも面接官の大切な業務**なのだ。

応募者が感じるワクワク感

- 今までの経験を活かして活躍できる
- 短期間でやりたいことを実現できる
- 必要とされていることを実感する
- 希望する待遇を得られる
- 働きやすい環境が与えられる
- 良好な人間関係を構築できる
- 面接官と意気投合する

Sense of recruiters

入社後のキャリアプランを明確に伝えよ

応募者が夢や目標を持って入社するためには、**入社後、どのようにステップアップできるかキャリアプランを説明することが大切だ。**この点が曖昧な企業は、社員のモチベーションが欠乏しており、先が見えないなかで日々の仕事をこなしている。

転職者は大きく分けると、上昇志向のやる気がある人と、将来を深く考えずに生活のために仕事をする人という二つのタイプに分けられる。多くの企業は、前者の上昇志向があってやる気のある人材を求めているが、彼らの欲望を満たすためには、応募企業の評価制度や昇格制度が明確であり、入社後の活躍する姿をイメージさせなければいけない。

優秀な人材が欲しいと嘆いているだけでは、応募者の気持ちを動かすことはできない。自社のキャリアプランを説明し、応募者が納得することで頑張ろうという気持ちになるのだ。

昇給や昇格はすべての人材に当てはまらなくても構わないが、能力のある人材が正当に評価されている企業に興味を持つ。チャレンジ精神がある人であれば、課題をクリアして上昇していきたいと考えるはずだ。

入社後のキャリアプランが曖昧で、努力や実績がどのように報われるのかが明確でなければ、実力のある応募者ほど興味を示さない。実績を評価するのであれば、具体的にどのような実績を出せば評価するのか説明が必要だろう。

上昇志向がない応募者であれば興味を持たない内容だが、現状維持型の社員が増えていくことで企業は衰退していく。現状に満足をせず、向上心を持って仕事を行う人材を求めるならば、**評価制度やキャリアアップの仕組みを明確に説明する**ようにしよう。

応募者が興味を持つキャリアプランの内容

- 昇格期間･昇給条件
- 昇格に必要な実績
- キャリアアップに伴う研修制度
- 等級制度
- キャリアアップに伴うモデル賃金

Sense of recruiters

人材は企業の財産であることを肝に銘じよ

「どうせ辞めていくから……」という気持ちで面接を行っている人がいるが、このような気持ちでは自社で活躍する人材は採用できないだろう。

多くの経営者は、人材を財産だと考え、「人財」と置き換えて説明するが、面接官も経営者と同様の見解で、**社員は財産だと考えて面接を行おう。**

採用する人材の生涯賃金について考えたことがあるだろうか？　通常、億を超える金額になることを考えれば、面接の重要性を改めて感じることができると思う。数億円の商品を数十分の面接で決めると考えれば、面接の重要性が理解できるだろう。

紛れもなく企業の力は、働く社員の力である。自社に必要な人材を確保できなければ、少しずつ企業の力は衰えていく。営業社員が百名いる企業と十名の企業では、百名の企業がほぼ間違いなく売上高で上回るだろう。人さえ揃えば売上をアップできると嘆いている経営者がいるが、社員はモノではないので採用すればすぐに即戦力として活躍できる保証はない。百名の営業社員が活躍できるために自社で教育を行い、育てていかなければいけないのだ。

新入社員を採用できないことがボディブローのように企業経営に響いていく。求人難だから仕方がないと放置していれば、数年後に人材が育っていないことに気が付いても、そのときにはどうしようもないケースもある。

人材を企業の財産だと考え、採用を本気で考えなければ、財産は減少していき、企業力は衰退していく。**人材が企業のかけがえのない財産である**ことを理解し、財産を増やしていくための努力を惜しんではいけない。

人材を財産だと考えない面接官	人材を財産だと考える面接官
●「どうせ辞めていく」と考え、応募者を上辺だけで判断する ●応募者の将来に目を向けず、当面の仕事しか考えない ●応募者に期待感を抱かず、事務的に面接を行う	●長期的な視野で応募者の能力を判断する ●応募者を大切な財産だと考え、面接を行う ●大切に考えることが、面接時の言葉や表情に表れる

Sense of recruiters

応募者からの質問には明確に答えよ

応募者からの質問に的確に回答できているか、自問自答してみよう。応募者は面接官を通じて企業を判断しているが、質問をしても明快な回答が得られないとき、面接官に対して不信感を抱く。

面接官が経営者の分身であれば、自社の業務内容などについて回答できるはずだが、「わからない」と平然と語り、面接官のなかには不機嫌な表情をする人がいる。このような面接官は、応募者が企業を選んでいることを理解していない。経営者でなければ回答できない質問もあるはずだが、回答できないときも理由をきちんと応募者に説明しなければいけない。企業のなかには一次面接を人事ではなく、現場担当者に任せていることもあるが、回答できない質問があったときに、人事担当者にフィードバックされているか疑問だ。

応募者は、人生の大きな転機である就職を真剣に考え、面接を受けている。疑問点を確認し、自分にふさわしい企業かどうかを見極めているのだ。一次面接を現場に任せるのならば、**面接辞退や不採用が多い面接官に対して、どのような面接を行っているのかをチェックする**必要がある。

面接は、面接官個人の裁量によって採否の判断や応募者に与える影響が大きく変わる。面接官以上の応募者を採用できないと前述したが、一次面接であっても応募者が面接官から社員像をイメージすることを考えれば、面接官がレベルアップしなければ、自社に見合う人材は採用できないだろう。

質問に答えられない面接官は、応募者から質問をされることを嫌い、形式的な面接を行う傾向がある。**あらかじめ想定される質問の回答を準備し、応募者が入社したいと思う面接を実施しよう。**

応募者からの想定質問

- 募集予定人員
- 募集目的
- 詳細な業務内容
- 転勤、残業の有無
- 昇給、昇格、賞与
- 人事データ(平均年齢・男女比・社員数など)
- 企業業績、将来性
- 経営方針、社風　など

Sense of recruiters

採用後もその人を応援していく決意と責任を持て

採用した人が自社で活躍できるように気を配り、応援していく気持ちが大切だ。

面接官は、面接をすれば、応募者との関係が終わるわけではない。愛想がよかった面接官が、入社後は声もかけずに無愛想であれば、新入社員は選択を間違えたと失望するだろう。応募者の人生を決める大切な判断を面接で行っていることを理解すれば、採用後も力になろうと考えるはずだ。

面接を事務的に行っていると、採用後は配属部署任せで済ませてしまう。配属部署から新入社員についてクレームが上がれば、受け入れの問題を考慮せず、使えない社員であれば辞めてもらうなど、割り切って考える面接官もいる。新入社員が、直接、面接官や人事に配属部署の問題を伝える術はなかなかないが、配属部署の上司であれば、上司が指導できないことを棚に上げて、配属された新入社員が使えないと人事に訴えてくることができる。

自社で活躍する人材だと確信して採用すれば、面接官としての信念があるはずだ。自分が採用した人材に対して、ぜひとも頑張ってもらいたいという情もわいてくるだろう。採用した人材に興味がない面接官は、人に興味がなく、仕事と割り切って面接を行っている。面接では人間関係が重要であり、商品を右から左に動かすのとは違う。このことを認識している面接官であれば、自社にふさわしい人材かどうかを面接のときにしっかりと見極めるとともに、入社後も採用が間違っていなかったという確証を得たいと考えるはずだ。

面接官は、採用した人材を自社で活躍できる人材になるように責任を持って対応していくことが求められている。

採用後面倒見が悪い面接官	採用後も面倒見がよい面接官
●人が好きではなく面接を事務的に行う	●面接では応募者の本質を見抜く具体的な質問を行う
●採用しても辞めていく人材だと考える	●応募者が自社で活躍する姿をイメージしている
●採用後、現場任せにする	●入社後も配属部署に任せっきりにしない

COLUMN

「やってやる」という思いは必ず伝わる

社長がどれだけ採用に熱意があるかで、採用状況が大きく変わることを感じます。ある企業の社長は、採用担当者が他の仕事と兼任しているため、積極的に採用活動を行えない状況を見て、他の業務はやらなくていいから採用に専念するよう指示を出しました。その場で他部署へ仕事を割り振り、採用に専念できる環境を作ってしまう熱意に、「この企業は間違いなく採用できる」と実感しました。セミナーや面接で、社長の熱い思いを応募者へ伝えることで、その思いを直に受け止めた応募者は感動します。若い世代は冷めていると感じている採用担当者がいますが、決してそんなことはありません。冷めていると感じる採用担当者は、自社に誇りを持ち、熱い思いを語っていないだけなのです。言葉だけでなく内に秘めた企業への思いが、人の気持ちを動かすのです。採用業務だけには限りませんが、「やらされている」という仕事ではなく、「やってやる」という意気込みが大切なのです。

第3章

面接は応募者への営業活動そのもの

Sense of recruiters

Sense of recruiters

求人難を環境のせいにするな

求人難でも採用できている企業とできない企業の違いは、**経営者と採用担当者の採用にかける意気込みの違いだといえる。**採用できない企業は、求人難だから採れないという前提で採用を行っているため、求人広告や面接でも採用への熱意や意気込みを感じない。一方、**採用できる企業は、求人難を言い訳にせず、応募者の立場で求人戦略を構築して採用を行うため、**採用したい気持ちが熱意として応募者に伝わる。

大きな違いではないと考える人がいるかもしれないが、採用できると考えて採用活動を行う企業とそうでない企業の差は歴然としている。

採用は自社の強みと応募者が働きたいと感じる職務内容、労働環境、待遇面を考えなければいけないが、条件が整っても応募者と接する面接官の資質が低ければ、採用をしても入社には至らない。

面接官の仕事は営業職と共通する部分が多いと私は考えている。営業職は自社の商品を企業や顧客に販売することが業務だが、同じ商品であっても売れる営業担当者とそうでない人に分かれる。売れる営業担当者は実績を評価され、売れない人は厳しく追及される。

これまでは、人が採れないのは応募者が集まらないから、応募者のレベルが低いからという面接官の言い訳が通っていたが、面接官も営業職と同様に、採用できる面接官とそうでない面接官の違いをきちんと見極めなければ、せっかく優秀な人材が応募してきても、みすみす取り逃がす結果になってしまうのだ。

できないと考えて成功することはない。採用できるという確信を持つために採用手法、面接について検討してみることが大切だ。

求人難でも採用できる企業

- 自社の強みや特徴を的確に応募者へ伝える
- 応募者の気持ちやニーズを満たす面接を行う
- 求人難を「採れない」言い訳にしない
- 求人難を、他社との差別化を図るチャンスだと捉えている
- 「採用できる」と確信を持って業務を行っている

Sense of recruiters

応募者を自分のファンにせよ

採否を決定するのは面接官の役割であるが、**入社を最終的に決断するのは応募者だ。**応募者は面接官を通じて企業を知るため、面接官次第で応募企業の印象は大きく変わる。

商品を販売する営業担当者は、顧客に商品を販売することが仕事だが、顧客が商品を購入する動機は、営業担当者の影響が大きい。取り扱う商品が同じでも、社内で売れる営業とそうでない営業がいることを想像してみよう。売価や販売条件が変わらないのに営業成績に違いが生じるのは、まさに営業担当者の販売能力と人間性にある。

面接も同様で、同じ企業であっても採用できる面接官とそうでない面接官がいる。同じ商品を取り扱う営業職であっても成績が違うように、面接官の資質によって間違いなく採用状況は変わる。

商品の場合、顧客が営業担当者を気に入って購入するケースが多い。担当者が変わることで顧客の購買意欲が失せることもあるが、それはまさに顧客が営業担当者のファンになっているのだ。面接官も応募者との会話を通じて、応募者が面接官に対してファンになれば、面接官の語る内容を信じて入社したいと気持ちが傾く。

面接官は、応募者をファンにするよう意識して面接を行うと、応募者への対応も変わってくる。ファンにするために気持ちを自分に引き寄せるための言葉や表情に気を遣って行動する。**気を遣われているという認識が、応募者の信頼感に変わる**のだ。

面接官は、多くの応募者をファンにして最終的に自社で必要な人材を採用すればいい。より売れる営業担当者がファンを多く持っているのと同じように、**応募者が面接官のファンになるように仕掛ける**ことが大切だ。

売れる営業	採れる面接官
● 売れる営業担当者は、顧客をファンにするための手法を理解している	● 採用できる面接官は、応募者をファンにしたいと考え面接を行う

Sense of recruiters

顧客ニーズを読み取る優秀な営業マンの感性を持て

売れる営業担当者は、面接でも自社にふさわしい人材を採用できる面接官になる。求職難であれば、応募者の気持ちなどは考えず、自社にふさわしい人材を採用すれば黙っていても入社したかもしれないが、求人難の時代では応募者すべてが入社するとは限らない。

面接では応募者の気持ちを自社に引き寄せなければいけないが、この手法は営業職と共通する部分が多い。一方的に押し売りをしても余程の商品でなければ売れないが、面接も内定を乱発したからといって入社するわけではないのだ。

売れる営業担当者は、顧客のニーズを読み取り、必要な商品を提供できる。売れない営業担当者は、決まった営業トークを一方的に語り、契約を急いで取ろうとする。相手の状況や気持ちをくみ取れない営業担当者では、顧客の気持ちを逆なでするだけで契約に結び付かない。

面接も同様に自社の希望だけを押し付ける面接官では、応募者は自分を理解してくれていないと考え、引いてしまう。採用したい人材だからといって焦って一度の面接で内定を出せば、興味がある企業でも人が集まらない企業なのではと不信感を抱く。

売れる営業担当者は、商品を売る前に顧客と信頼関係を構築する。信頼関係を築くことで、一人の顧客から新たな顧客の紹介もあるだろう。面接官も同様に、一方的に質問するのではなく、応募者とまず信頼関係を築くことが重要だ。

売れる営業担当者は決して話がうまいわけではない。むしろ話すのが苦手な人も多い。苦手だからこそ相手と信頼関係を築くことに全精力を傾ける。面接官も要領がよく、口のうまい面接官が採用できるのではなく、**親身に相手の立場を考えて理解しようとする姿勢から応募者との信頼関係が生まれ、採用につながる**のだ。

できる人を採用するためには、売れる営業担当者の言葉や行動が非常に参考になる。

応募者のニーズや気持ちを敏感にくみ取れ

営業担当者は顧客の気持ちを理解したうえで必要な商品やニーズにかなうサービスを提供するが、面接もまったく同様だ。面接官は履歴書や職務経歴書から応募者が歩んできた経歴を把握し、応募者の回答から就職や転職に対しての志向や目標を探る必要がある。**応募者の気持ちを無視して一方的に自社の要求を述べても、入社したい企業にはならない。**

転職では、少なからず前職に何らかの不満があって、転職を決意することが多い。回答では、キャリアアップしたいなど、当たり障りのない回答をしていても、本音が違う理由であれば、回答を鵜呑みにせず、会話を通じて応募者の気持ちを理解する必要がある。多くの求職者から転職相談を受けているが、相談の多くが企業への不信感や疑問であることを考えると、面接では語ろうとしない**応募者の本心を見極めたうえで自社に必要な人材かどうかを検討する必要がある。**

置かれている状況や現在の気持ちを理解してくれる面接官に、応募者は非常に好感を抱く。一方、応募者が一生懸命に回答をしているにもかかわらず、耳を傾けない面接官に対しては不信感を抱く。

優秀な面接官は、応募者から本心を聞きだすことがうまい。応募者を理解しようとしている面接官の態度や表情に好感を抱いて気持ちがリラックスし、応募者は本音で語ろうとする。面接で事前に用意していた模範回答を聞くだけの面接であれば、書類審査だけで充分だ。短い面接時間に応募者が本音で真剣に話す環境を作るためには、応募者の気持ちを理解することが大切だ。

面接は、会話を通じて応募者を評価するだけでなく、売れる営業担当者と同様に**応募者の気持ちを理解することが、採用につながるポイント**になる。

顧客心理	求職者の心理
●本当に購入すべきか迷う ●営業担当者の言葉から購入後をイメージする ●顧客の要望を聞こうとする態度に好感を抱く	●自分に合う企業かどうか疑問を持っている ●面接官の態度、表情、語調、言動から企業をイメージしている ●面接官が理解をしようとする態度に好感を抱く

Sense of recruiters

選ぶのは企業ではなくあくまでも応募者であることを肝に銘じよ

応募段階では、応募企業に興味を持っているが、必ずしも、ぜひとも入社したいと考えていないケースがある。営業でたとえれば、商品に興味を持って問い合わせてきた状況と似ている。

面接の段階では興味のある企業の一社に過ぎず、面接を通じて企業について詳しく理解したうえで今後の方向性を決めたいと考えている応募者もいる。営業担当者が顧客から連絡があった段階では、契約が成立したわけではないので、必ず購入してもらえるとは考えないだろう。面接と営業で異なる点は、営業では問題がある顧客でない限りは顧客を選ぶことはしないが、面接では採否を決めるのは企業と応募者双方であり、応募者が決定する以前に企業が採用の意志を示すことである。**採否の決断をするのは企業側であっても、面接官にとって応募者は顧客であるという気持ちで面接に臨まなければいけない。**

営業では顧客と信頼関係を構築するために顧客の要望や置かれている状況について親身に話を聞くが、面接も同様に、**応募者の状況を理解することで応募者との信頼関係を構築できる。**原則として回答を批判するのではなく、評価できる点については言葉に出して伝えることで信頼関係が増していく。応募者の立場や環境を理解しながら面接を進めてみよう。

応募者にとって応募企業だけが企業ではなく、多くの企業のなかの一社にしか過ぎないと理解したうえで、応募者の状況を把握して親身に話を聞き、自社についてアピールすることが大切だ。

応募者と信頼関係を構築するポイント

- 応募者の状況を理解しようとする
- 評価できる点は言葉に出して伝える
- 応募者の話を親身になって聞く
- 求職市場を把握する

Sense of recruiters

応募者に好感を持たれる対応を心掛けよ

私は、**面接は恋愛に似ている点がある**と思っている。恋愛という言葉はやや語弊があるかもしれないが、どんなに優秀な応募者であっても好感が持てなければ、採用したいとは思わない。好感が持てない理由はさまざまだが、協調性に欠ける、自己中心的などを面接の会話を通じて感じると、組織のなかではうまくやっていけない人材だと判断する。

営業の仕事も顧客に好感を持つことで、顧客も営業担当者に対して悪いイメージを抱かない。人間関係は、好感を抱いて接すれば相手も好感を抱き、逆もまたしかりなのだ。顧客が営業担当者に好感を持っていなければ成約につながらないのと同様に、応募者も面接官の態度や表情次第では入社したいとは考えない。

面接官は応募者が自社で必要な人材かを見極めなければいけないと考えて選別することが先行してしまう傾向があるが、良好な人間関係を構築することをまず考えてみよう。そのためには、応募者の今までの経験を受け入れることを考え、好感を抱いて接してみよう。

面接では応募者は少なからず緊張しているが、面接官が応募者に好感を持つと目の表情や語調が変わり、緊張感が緩和される。面接の目的が応募者の本質を見抜くことであれば、緊張感をほぐして本音を語ってもらうことが、面接では重要になる。

面接は面接官と応募者のコミュニケーションの場だと考え、**気持ちよく話ができる環境を作るために応募者に対して好感を持って接することを意識**して、面接に臨んでみよう。

応募者に好感を示す動作

- 面接開始時に面接を受けてくれたことへ感謝の言葉を述べる
- 応募者の経歴や状況に理解を示す
- 口角を上げて優しい表情で回答を聞く
- 相づちを打ち、応募者の言葉にオウム返しで対応する
- 回答に対して褒め言葉で対応する

Sense of recruiters

入社後の仕事の具体的なイメージを与えよ

売れる営業担当者は、顧客に商品を購入後のワクワク感をイメージさせて購入したい気持ちにさせる。就職も同様で、厳しいことや十数年先の話をしても興味を持たない。通常、商品を購入すればすぐに使用してみたくなるはずだ。住宅などを購入する場合は、十年先をイメージするのではなく、新居で快適に暮らす姿をイメージする。就職でも、**応募者は、入社後、どのように環境が変わり、仕事を行うか、身近な自分の姿を考える。**

応募者は、複数の企業を検討する場合、不確定要素が少なくて活き活きと仕事ができる企業を選択する傾向があるので、応募者の不安要素を払拭し、活躍する姿をイメージさせれば、入社したい企業になるだろう。

顧客が商品やサービスを購入し、ワクワクした気持ちになるように、応募者が面接を受けて、入社後の姿に期待感を抱くことが大切だ。

面接が応募者を選別するだけでなく、応募者からも選ばれている場だと理解し、会話のバランスを考慮して面接を進めていこう。

営業で買ってもらいたい気持ちを強く打ち出すと、顧客は何かあるのではと引いてしまう。面接も自社のよさだけを話せば、話がうま過ぎる、あるいは人が集まらないのではと応募者が不信に感じる。自社にふさわしい人材を選んでいるスタンスを崩さず、応募者がより入社したい企業になるような面接官のアピールが必要になる。

面接を通じて、応募者が描いている仕事が実現できることを面接官は具体的に説明しよう。

応募者がワクワクするイメージの例

- 前職の経験を活かして、即戦力として活躍できる
- 良好な人間関係を築き、ストレスを感じない
- 待遇面で満足する
- 昇給・昇格する
- オフィス環境がよい
- プロジェクトなどで任される
- 顧客、取引先と良好な関係が築ける
- メンターとなる先輩・上司がいる

応募者に安心感を与える社風作りを行え

Sense of recruiters

威圧的な面接を行っても、応募者の気持ちが入社へ傾くことはない。面接を受けるということは少なからず入社したい意志があるのだが、面接官の態度や言葉から入社の意欲が失せてしまうケースは多い。

営業でも無理やり売ろうとしても、顧客の購入意欲はわかない。むしろ営業担当者と関わりたくないと考えるのが自然だ。

面接や営業では、**安心感をいかに提供できるかを考える**必要がある。応募者のなかには明日はどうなるかわからない企業で刺激を求める人がまったくいないわけではないが、多くの応募者は転職後に安定や安心感を求めている。応募者は、面接官の言葉や態度から応募企業の実態を探っている。威圧的な面接官であれば、入社後も社内の雰囲気が威圧的だと考える。

前職で人間関係や労働環境に問題があり、転職する人もいる。彼らにとって応募企業の面接官が威圧的であり、安心感を実感できなければ、実績のある企業であっても入社したいとは思わない。企業側に採用の権限があっても、採用したい人材が入社したいと思わなければ、入社に至らないことを理解しよう。

応募者は面接だけでなく、社内の雰囲気や社員の態度からも企業の実態を探ろうとしている。応募者がぜひ入社したい企業にするために、面接官だけでなく、**全社的に好感を持つ雰囲気を作る**ように検討してみよう。

商品を購入することは一度きりかもしれないが、転職は入社後継続するものだと考えれば、企業選択に慎重になる。

応募者がどのような点に安心感を抱くか、自社の業務内容や社風などから検討してみよう。

応募者が安心感を抱くこと

- 面接時の社員の対応に好感を持つ
- 昇給·昇格などの規定が明確である
- 面接官に親しみを感じ、仲間として働きたいと感じる
- 質問や問い合わせにも親身に回答してくれる
- 雇用契約書などから雇用条件が明確である
- 具体的な仕事内容がイメージできる
- 求められている業務について前職の経験を活かせる

Sense of recruiters

採用に関するデータを数値として把握せよ

　採用業務は、営業と非常に共通する部分がある。商品が売れなくなれば、商品を改善する、市場を分析する、営業手法を考える、営業担当者のレベルを引き上げるなど、すぐに行動に移すはずだ。採用業務もまったく同じで、採れない状況を打破するために、どこに問題があるのか速やかに検討し、改善する必要がある。

　その際に重要になるのが**採用に関するデータを数値として把握する**ことだ。たとえば、一人当たりの採用経費、面接を行った内定者の辞退率、入社後の定着率などを把握しているだろうか？　多くの面接官は、すぐには回答できないだろう。回答できないということは、数値面に興味がないか、面接能力に危機感を抱いていないのかもしれない。採用に至らない点を考えるとき、どこに問題があるのか掘り下げて検討してみる必要がある。間違っても求人難だから仕方がないという言い訳をしてはいけない。

求人広告を掲載しても反響がない場合、過去の応募者数、面接者数、内定者数、入社人数などの数値から分析してみよう。応募者が少ないという感覚だけでは、問題は発見できないだろう。応募があっても内定から採用に結び付かない場合には、面接方法や他社の労働条件をチェックしてみる必要がある。

面接官別の辞退率を出してみてもいい。個人を責めるのではなく、何が違うのか分析することが大切だ。せっかく入社してもすぐに辞めてしまう場合、面接官の説明に問題がある可能性もある。入社はするが、定着しないケースについても分析してみよう。

採用に関わるデータ

●応募者数　●面接者数　●内定者数　●採用数　●定着率

◉採用に関する問題点と原因

問題点	原　因
求人広告を掲載しても反響が少ない	●媒体が弱い　●同業他社の条件 ●時期が悪い
内定辞退が多い	●条件面　●業務内容 ●面接官の説明　●面接官の態度
入社後の定着率が低い	●人間関係　●条件面の食い違い ●指導力

Sense of recruiters

採用できない原因を検証して改善せよ

営業職で売上が上がらないと言い訳をする人は、営業職として勤務できない。同業他社の状況、市場の動向などの理由で売上が伸びない時期はあるが、売れないと言い訳をしていても何も変わらない。売れない言い訳をする前に、どうしたら売れるか、売れるためには何をすべきか、どこに問題があるのかと、さまざまな角度から検証し、問題改善に向けて行動するはずだ。

採用業務も、求人難や待遇面を理由に採用できないと嘆いていても、応募者が集まるわけではない。営業職と同様に、**採用できない根本的な原因を検証し、改善できることから実行**しなければいけない。

採用できないと言い訳をする担当者は、自分に落ち度はないと主張し、責任を転嫁しているように感じる。採用業務に就いているということは、企業の根幹をなす人材について責任を持って業務を行う義務があるはずだ。言い訳をする採用担当者は、職務をまっとうできていないことを何とも思わない社員なのかもしれない。

　言い訳をする前にどうしたら応募者が集まるのか検討してみよう。労働条件など、採用部門だけで解決できない問題も多いので、経営者や幹部も交えて改善策を考えなければいけない。採用できなくても仕方がないという考えであれば、採用担当者を異動させる必要があるかもしれない。

　厳しい言い方かもしれないが、自社が必要とする人材を採用できなければ、売上がないのと同様に企業は存続できなくなる。採用の問題点を抽出して、応募者が入社したい企業に改善する必要がある。

「言い訳」を「改善」に変える例

- 待遇面が他社より劣る➡給与制度の見直しや調整給を導入する
- 業務内容に魅力がない➡キャリアアップできる研修を導入する
- 立地が悪い➡分室や営業所を設置する
- 知名度がない➡自社の独自性をアピールする
- 応募者が興味を持たない➡即効性のある求人コピーを考える（「海外研修」「社長の片腕」「大幅な年収アップ」が可能など）
- 諸条件の問題➡採用経費などと照らし合わせて改善する

Sense of recruiters

入社の決意を固めさせる感動の言葉を用意せよ

売れる営業担当者は、顧客に購入の決断をさせるための決め台詞を持っている。自社の商品説明を淡々と行っているわけではない。むしろ商品説明などはあまり行わず、世間話をしながら、決め台詞で顧客が購入してしまうケースも多い。

面接でも**応募者に入社したいと思わせる言葉をいくつか用意**しておき、必要に応じて投げかけると、応募者の気持ちが動く。ただし、決め台詞を何度も同じ応募者に言うと効果が半減してしまい、人が集まらない企業だと応募者が感じることがあるので注意しよう。

不採用の可能性のある応募者に内定だと思わせる言葉は、慎むべきだ。最終的には、応募者のなかから選別しなければならず、内定だと応募者が受け取ることで、後々、トラブルになることがある。応募者が必要とされていると実感できる言葉を投げかけながら、多くの応募者のなかから前向きに検討することを伝えよう。

今までの面接は応募者がアピールをして面接官が選別する形式だったが、今後は**面接官も応募者にアピールをして入社意欲をそそることが必要**だ。

応募者に入社したいと思わせる言葉

「当社では、あなたと家族を幸せにできるだけの力があります。」

漠然としているが、家族のある応募者に対して有効な言葉だ。

「職務経験を拝見し、能力を発揮できる仕事を用意できます。」

仕事を用意するという言葉に、応募者は特別な意識を持つ。

「当社は、あなたが、存在価値を見出せる企業です。」

存在価値を見出せずに退職した人にとって刺激を与える。

「お話をして、当社で必要な人だと実感しました。上に推薦します。」

必要な人、推薦という言葉に応募者は特別に扱われていると実感する。

「私たちが一丸となって、素晴らしい企業にしていきませんか。」

仲間として、企業を伸ばしていきたい面接官の言葉を嬉しく受け止める。

Sense of recruiters

あえて会社の弱みや課題を伝えることも時には必要

面接では、応募者の疑問に答え、自社の魅力を伝えなければいけないが、応募者を選ぶことが面接だと理解していると、自社の魅力や募集の目的についての説明がおろそかになり、応募者は入社したいと思わない。複数の面接官で面接を行う場合は、共通の認識で面接を実施する必要がある。

人材を採用するということは現状で不足している部分を補う目的もあり、特に転職者採用では即戦力として自社をよくしてもらいたいという願望がある。この点を踏まえれば、応募者の希望をすべて満たす企業でなくても、改善していく段階であることを説明すれば、意欲が増す応募者もいる。

応募者は、現状を説明されず、故意に隠されて入社すると企業への信頼が一気に失せるので、**面接では現状と将来像について前向きに説明することが大切だ**。応募者は、完璧な企業を求めているのではなく、やりがいを見出し、必要な人材として活躍できる企業を求めている。募集要項やホームページに書かれている現状のよい面だけを淡々と説明しても感動はしない。**弱い面や改善が必要な部分を面接官が包み隠さず説明し、だからこそ活躍する分野が多くあるという言葉を投げかけること**で、まだ入社していない応募者でありながら、共によくしていきたいという一体感を抱いて嬉しくなるのだ。

応募者を引き付ける説明は事務的に行うものではなく、面接官の説明から応募者が働くイメージを理解でき、ワクワクする期待感を与えるものでなければいけない。

面接官は、企業を代表して応募者と会っているという気持ちで、自社の現状と将来像を丁寧に説明しよう。

応募者を引き付ける説明項目

- 自社の強み、魅力
- 自社の業界における位置付け
- 自社の将来像（新規事業を含む）
- 自社の社風（組織力）
- 自社の弱点（現在、改善している業務）
- 募集の目的（活躍できる業務内容）
- 昇格・昇給システム
- 採用までのプロセス

COLUMN

メールの文面で応募者の気持ちは変わる

私は、企業向け採用支援とともに、求職者に対してセミナーや個別支援（キャリアシートの作成のアドバイスや面接指導など）を行っています。先日、ＩＴ系企業に未経験でありながら就職したＴさんは、インターネット求人サイトで興味のある複数の企業を見つけて応募したところ、そのうちの一社から応募したその日に社長から直々にメールが届きました。文面も自己啓発していることを高く評価している内容であり、すぐに面接のアポイントを取りました。その他の企業の面接も受けましたが、彼は、社長自らメールをくれた企業に入社して頑張っています。

求人活動では応募者とメールでやり取りすることが多いと思いますが、相手の顔が見えないからこそ文面には気を配り、定型文ではなく応募者だからこそ面接がしたいという気持ちを伝えることで、応募者は嬉しくなり、入社意欲が増すことを実感しました。

第4章

まずは求職者の本音・傾向を知る

Sense of recruiters

Sense of recruiters

形式的な質問だけの面接手法を改めよ

面接で大切なことは、**応募者が何を考え、何を望んでいるのかを見極めること**だ。求職者の傾向を理解して面接を行わなければ、入社したい企業にはならない。優秀な求職者は自分の志向に合っている企業かどうかをチェックしているが、**形式的な志望動機や自己ＰＲなどの決まりきった質問をする面接だけでは、応募者と信頼関係が構築できず、気持ちを動かすことはできない。**

内定辞退が多い場合、面接官が応募者に感動を与えていない可能性が高い。求職難のときであれば、求職者が企業を選択する余裕などないので、形式的な面接でも採用ができただろうが、転職が当たり前で求人情報がインターネットで容易に検索できる時代では、内定を出しても求職者は本当に選択が間違っていないか考え、もっとよい企業があるのではと検討している。

面接では、やりたいことや望んでいることが応募企業で満たされ、ぜひとも入社したい企業だと応募者が感じるための会話が必要になる。面接官が志望動機や退職理由などの形式的な質問だけをし、応募者が回答するだけでは、入社への意欲が増す感動を与えることはできない。

新卒採用と転職者採用の求職者では、企業に求めている内容や志向が異なることを面接官が理解せずに面接を行っていても、面接はできても採用はできないだろう。面接では、彼らの志向や考え方を理解した面接を行い、さらに自社だからこそ夢や目標をかなえることができると説明しなければいけない。

求職者の志向や考え方を知ることで、彼らに向けてのメッセージを面接で発することができるのだ。

応募者を理解しない面接官	応募者を理解している面接官
●応募者の志向を無視し、形式的な面接を行う	●応募者の志向を理解しているので信頼関係を構築できる
●応募者の志向を理解していないので感動を与えられない	●信頼関係があるので本音で語る
●応募者に感動を与えないので入社後に期待感を持たない	●夢や目標がかなえられると応募者が考える

Sense of recruiters

新卒学生の傾向と見極めポイント

新卒採用では、社会人経験がないため、具体的な実務についてイメージを抱いていない学生が多い。漠然とした夢や目標があっても「なりたい自分」が鮮明ではなく、企業説明会やセミナーを通じて将来を決める傾向がある。

大卒採用であれば、就職活動時期が大学三年生の秋から始まり、長期化していることから、学生に焦りや危機感がなく、就職活動がイベント化している。また、どうしても正社員として入社することにこだわっているわけではなく、大学院、ワーキングホリデー、専門学校、派遣社員というような選択肢があることも、熱意に欠ける理由の一つだ。さらに企業からリストラや解雇された両親を見て育った学生は安定や安心感を求め、仕事そのものに夢や目標を持てないことも影響している。

新卒採用では、今ひとつ本気になれない彼らの気持ちに対して、**仕事への期待感を提供しなければ、採用には至らない**だろう。二十代前半の年代は、興味のあることには徹底して打ち込む習性がある。ゲームやインターネットで育った彼らは、「楽しい、面白い」と感じれば、とことん打ち込む世代だ。そして、十年先については深く考えないが、現在と数年先のことには興味を持つ。会社説明会でも**数十年先ではなく、入社後の姿にワクワクするような説明を彼らは求めている。**一人前になるまで十年かかるという内容には興味を示さないのだ。彼らは、年齢の近い先輩社員が活き活きと働いている姿に心が動き、入社後の自分の姿をイメージする。

経営者の熱いメッセージも彼らの心に響くはずだ。経営者が学生に対して「あなたたちを幸せにする」という強い言葉を投げれば、存在価値を見出せない学生の気持ちが動くことは間違いない。

新卒学生の傾向

- 就職に安定を求めるが危機感がなく、遠い将来をイメージしていない

新卒学生の見極めポイント

- 入社後の活躍する姿をイメージしているか
- 自社の強みや独自性を理解しているか
- 上下関係を理解し、適応力があるか

Sense of recruiters

第二新卒の傾向と見極めポイント

第二新卒という定義は特にないが、一般的には二十五歳以下で就業三年未満の求職者を第二新卒と呼んでいる。以前は、就職して数年で辞める転職者に対して企業もよいイメージを持っていなかったが、求人難の時代では大手企業でさえも新卒採用の目標を達成していない現状から、二十五歳以下の転職者採用に力を入れている。

第二新卒の求職者は、新卒で就職した企業が何らかの理由でうまくいかないことで転職を決意するケースが多いので、企業選択に慎重になっている。彼らの志向は、企業の厳しさに付いていけないなど、前職が嫌で辞めるタイプと、仕事への意欲が強くて自己実現したいと新たな企業を求めるタイプに二極化される。第二新卒を採用するポイントは、彼らが何を転職で求めているかを明確にしたうえで、自社で希望がかなうことを理解させることだ。

学生と異なり、少なからず社会人としての厳しさやビジネスマナーを心得ている点は、第二新卒を採用するメリットになる。

面接時に短期間で辞めたことをとがめ、退職理由についてこだわり過ぎるのは得策ではない。第二新卒採用では、数年の職務経験は評価できないので、**自社で本気で仕事を行う気があるのか、そして新卒採用と同様に積極的に仕事を覚えていく姿勢を評価すべきだ**。

第二新卒採用では、応募者の仕事へのポテンシャルを評価し、「なりたい自分」が見えており、自社だからこそ活躍したいと考えている応募者の熱意を見極めることがポイントだ。

第二新卒の傾向

- 転職に失敗したくない気持ちが強く、慎重に活動を行う

第二新卒の見極めポイント

- 過去ではなく、現在と今後のビジョンを意識しているか
- 社会人マナーなどを心得ているか
- 新しい仕事に対してポテンシャルが高く、チャレンジ精神があるか

Sense of recruiters

二十五歳から三十歳の傾向と見極めポイント

二十五歳から三十歳の求職者は、即戦力としての活躍を期待する企業が多く、最も欲しがる年代だ。この年代の応募者は職務経験を活かして待遇やポジションを高める志向が強いが、資格取得などのために企業に勤務した経験がない人が将来に危機感を持って就職を考えるケースもある。

学生時代の企業説明会を中心とした就職活動と同様に転職を考えており、企業を選んでいるというスタンスで転職活動を行う人や、入社後の待遇やポジションにこだわり、前職より条件がよくなければ転職しない人もいる。

この年代で転職を考える人は、結婚を機に安定した仕事に就きたい、生活できる給与が欲しいという安定志向が強い一方、学生時代から変わらず、将来の夢や目標が現実とかけ離れており、「なりたい自分」を憧れで考えているケースもある。待遇、キャリア、安定性など、求職者の志向について面接を通じて見極めたうえで、自社に見合う人材かどうか見極めることがポイントだ。

面接では、即戦力として実務能力を見極めたうえで、自社で必要な人材であることを面接官が口説く必要がある。彼らは、能力を発揮できて存在価値を見出せる企業を求める傾向があり、今までの経験をどれだけ活かせる企業なのかを見極めている。

第二新卒と同様に、転職で失敗しないために企業を見極めたいという気持ちが強いので、応募者が納得できるまで説明を行う必要がある。

二十五歳以下であれば社会人経験が少ないために学歴や学生時代に行ったことを評価するが、この年代は、**学歴以上に何ができるか、どのように戦力となるかを採否の判断材料にしよう。**

二十五歳から三十歳の傾向

- 将来像や志向が見えてきており、やりたいことの実現を考えている

二十五歳から三十歳の見極めポイント

- 強みとなる職務経験を明確にアピールできるか
- 自社への思いを具体的に語れるか
- 仕事で優先する事項を認識しているか

Sense of recruiters

三十代の傾向と見極めポイント

募集年齢を記載することが法律で制限されたとはいえ、三十代になると転職をするならばラストチャンスだと考える人が多い。三十代の求職者の特徴は、マネージメント能力があって自分のウリとなる強みを把握している人と、特に強みもなく将来に危機感を持っている人に二極化される。前者は、人材紹介会社などを使って自分を高く売り込むことを考え、待遇面やポジションで好条件を求めている。一方、後者は、悶々とした気持ちで仕事をしており、職務上の強みがないため、自社で存在価値を見出せない。

二十代と異なり、三十代では実務面の能力とともにマネージメント能力を評価して採用する企業も多い。実務面や技術面であれば、職務経歴書を読めばある程度は判断できるが、マネージメント能力は面接を通じて応募者との会話から判断することが多い。

面接では転職回数が少ない求職者を評価する傾向があるが、十数年、一社だけで勤務してきた人は、前職の思いを振りきり、新たな気持ちでゼロからチャレンジしていくくらいのハングリー精神がなければ務まらない。

二十代ではそれほど賃金格差がない人も三十代になると実績が評価されて差がつくため、転職を考える人がいる。三十代は、社会人経験も豊富でアピール方法を熟知しているため、面接でも時間をかけて本人の志向を確かめ、自社に見合う人材かを見極める必要がある。三十代は社会人としての経験が長いため、固定概念で捉える傾向があり、考え方を変えることは容易ではない。

三十代の応募者に対して、**自社への思いと貢献できることを、面接を通じてじっくり聞いてみる**必要がある。

三十代の傾向

- 将来に危機感、不安、欲望があり、このままでいいのかと葛藤する

三十代の見極めポイント

- 自社で貢献できることを把握しているか
- 「なるべき自分」が見えているか
- 新天地でゼロからスタートする気持ちがあるか

Sense of recruiters

四十代以上の傾向と見極めポイント

四十歳を超えると実力のある求職者は、ヘッドハンティングや人材紹介会社を介して転職するケースが多い。一方、自社で存在価値を見出せない、人員整理などで余儀なく転職する人がいる。応募企業で貢献できることをアピールするのではなく、実績や評価を自慢する求職者も多い。面接官は、四十代以降の応募者に対して、**過去の実績や経験を活かして自社で貢献できることを具体的にイメージしているかを見極める**必要がある。

年齢だけが原因とはいえないが、四十歳を超えると保守的な考え方を持ち、新たなチャレンジができない求職者もいる。過去の成功事例を語るだけであれば、転職者として企業にメリットを与えない。過去の経験や人脈を自社で活かせるからこそ、中高年の活躍する場が見出せるのだ。

四十歳を超えて転職をすると上司が年下になるケースもあるが、うまくなじめない人もいる。面接時に「大丈夫です」と答えていても、実際に配属されると年下の上司のマネージメント能力が劣り、組織がうまく機能しなくなることもある。

四十歳を超えても**明るい性格で環境になじむ求職者は既存社員から評価されて短期間で戦力になる**が、前職の退職を自分の意志で辞めていない場合、新天地にかける意欲がなく、組織に溶け込めない人もいる。

年齢を意識せず、企業貢献をしていき、自分も成長したいと貪欲に考えている求職者であれば、年齢にかかわらず、活躍する可能性が高い。過去より今後できることを真剣に考えているか見極めてみよう。面接でじっくり会話をすると、テクニックではごまかせない応募者の本心が見えてくる。

四十代以上の傾向

- 保守的な考えで、過去の実績を引きずる求職者がいる

四十代以上の見極めポイント

- 自社で組織に溶け込み貪欲に仕事をする意欲があるか
- 自社で貢献できることを具体的に語れるか
- 性格が前向きで明るく、組織に溶け込む意欲があるか

Sense of recruiters

応募者の意欲やスキルの違いを見極めるコツ

応募者の年代で求める志向に違いがあるが、意欲がある応募者とそうでない応募者などで、面接官の対応は異なる。それぞれの違いについて理解しよう。

新卒採用

●希望職種が明確で入社意欲が高い応募者

やりたいことが明確であり、企業研究を入念に行っている。同業他社と企業規模、待遇面、労働条件、研修制度、昇格制度などを比較している。自社の魅力を打ち出し、経営者、幹部、面接官が応募者と個別に対応し、自社の将来性、必要な人材であることをアピールする。

●企業研究の段階で就きたい職種も明確でない応募者

自己分析ができていない可能性があり、なりたい自分が明確でない。優柔不断な点があり、自社に入社しても他の職種に興味を示す可能性がある。リクルータ制度を活用して、先輩社員が仕事の厳しさ、面白さを伝える。本人が理解していない自社の魅力や将来性を伝えるが、最終的には本人の入社意欲が固まるまで、無理に採用を行わない。

転職者採用

●転職理由が明確で、経験を活かして即戦力として貢献できる応募者

前職でできないことが自社で達成できるなど、転職理由が明確なため、企業を選択する基準も固まっている。同業他社と待遇面、労働条件、企業規模などを比較検討している。自社の魅力と現状をきちんと説明したうえで、面接官が応募者と信頼関係を構築できるかがポイント。仲間として頑張ってほしいという意思を確実に伝えて、応募者の気持ちを動かそう。

●求める経験はあるが、転職理由が曖昧で意欲に欠ける応募者

経験があっても、入社意欲を感じさせない応募者であり、面接で慎重に

見極める必要がある。意欲を感じない理由として、他社が第一志望、希望する職種ではない、条件面で不安があるなどが考えられる。意欲がないからといって切り捨てるのではなく、原因を探って解決していく方法もある。

●前職を会社都合で辞めている応募者

会社都合の理由について明確にする必要がある。業績不振であれば止むを得ないが、管理職であれば不振奪回のために努力したことを確認する。余儀なく転職する応募者であっても、新たな仕事にかける意気込みと職務能力を満たしていれば問題ない。気持ちを切り替え、自社で働きたい熱意があるかを見極めよう。

●ブランク期間が長い応募者

履歴書や職務経歴書に何も記載されておらず、六カ月以上のブランク期間がある場合は、面接で確認する。ブランク期間に希望職種に関連する自己啓発を行ってきたという回答であれば、具体的な知識やスキルについて質問を行う。何も行わずに転職活動を継続している応募者は、他社で採用されない理由について検討してみよう。

●第二新卒（二十五歳以下で勤続三年未満）の応募者

第二新卒は短期間の職務経験のため、アピール材料はそれほどないが、仕事へのポテンシャルや自社への思いについて確認をしよう。第二新卒を受け入れる企業であれば、退職理由をしつこく質問するのではなく、現在と将来性について見極めることに時間を割くべきだ。

●未経験の応募者

転職採用では、未経験であっても社会人経験を活かして貢献できる人材が伸びる。前職が嫌だからという理由ではなく、どうしても就きたい職業だという思いがあるかを見極める。職種によっては、自主的に学んでいく姿勢が求められる。未経験の職種へ就くために自己啓発していることが具体的であれば、未経験の職種へ就きたいという熱意は評価できる。

COLUMN

転職者の失敗したくない気持ち

転職活動を行っていたKさんは、今度こそ自分に合う企業を見つけたいと考え、面接前日に応募企業の化粧室に閉じこもって社員の会話を聞いていたという話を聞きました。化粧室に隠れて社員の話を聞いていることは企業側からすればとんでもない話ですが、そこまでして自分に合う企業を見つけたいKさんの気持ちも理解でき、応募者が企業を見極める難しさを感じました。

前職で企業選択を誤ったと感じている転職希望者も多く、企業選択で失敗したくないという思いが強いのです。転職では、会社説明会を行わない企業も多く、面接が唯一説明の場所になりますが、選考されているという気持ちから聞きたいことも聞けません。Kさんは、役員面接でこのことを話して不採用になり、私のところへ転職支援を受けに来ました。化粧室に閉じこもった企業は残念な結果でしたが、その後、希望企業へ、無事、転職しました。

第5章

面接官が陥りやすい傾向はこれだ

Sense of recruiters

面接官が「どう見えているのか」を客観視せよ

面接スキルとは自社が必要とする人材を確実に採用する面接技術だが、多くの面接官が応募者を見極めることに集中し、応募者からどのように見られているかを意識していない。

応募者は持ち物や服装に気を遣い、第一印象で少しでもよく見られるようにトレーニングをしている。回答内容を事前に考えるだけでなく、声のトーンや語調までチェックして面接官に少しでもよい印象を与えようと必死で頑張っているが、**面接官も応募者へ好印象を与えることを意識する**必要がある。

面接官は、採否を検討するだけでなく、採用したい人材の「ぜひ入社したい」という気持ちを確実なものにする役割を担っている。自社で採用したい応募者は、他社でも欲しい人材であることが多い。応募者が入社を決断する際、面接官の印象が要因になることを考えれば、面接官も応募者と同様に、相手にどのような印象を与えるか、考えてみなければいけない。

面接官同士で応募者役と面接官役で役割分担をし、応募者役の人が感じたことを聞いてみよう。さらにビデオを撮り、面接官としてどのような印象を与えているかチェックしてみると、普段は感じない自分のイメージを認識することができる。

面接官として個性があるのは決して悪いことではないが、自社にふさわしい人材を取りこぼし、必要のない人を採用するようでは、面接官としてスキルに問題がある。

以前、テレビの企画で私を含めて三人の面接官経験者が応募者役の人にどのような点数を付けるか実験を行ったことがあるが、三人それぞれ異なる点数を付けるケースが多かった。人を見抜くうえで共通する部分があるものの、違った視点や考え方で判別していることが明確になった。面接官としての採用傾向を自覚することが大切だ。

応募者に好印象を与えるためのチェックポイント

- 応募者に好感を与える表情・語調で面接を行っているか
- 自社の説明などが的確で一度聞いて理解ができる内容か

Sense of recruiters

厳格タイプの面接官が陥りやすい誤り

面接官にもさまざまなタイプがいる。面接官は自分がどのようなタイプなのか自覚をしたうえで、陥りやすい誤りを意識して面接を行おう。

厳格タイプの面接官は幹部クラスに多いが、面接は応募者を選別する場だという意識が強く、応募者に共感するのではなく、選ぶ意識が先行している。厳格タイプの面接官は、社員はこうあるべきだという固執した社員像をイメージしており、異なるタイプに対して話を聞こうとしない。転職回数が多い応募者などに対して、自社では受け入れられないと決め付けてしまう傾向がある。勤務経験が長く、愛社精神が強い人が多いが、自社の社員とタイプが異なる応募者に対して、あまり興味を持たない。

厳格タイプの面接官は、自分のモノサシで採否を決めるため、納得がいかない部分に対して圧迫面接を行う。面接官のタイプにかかわらず、誰もが入社したいような企業であれば、厳格タイプのカリスマ性も面接官としての魅力になるが、通常、このような面接官に対しては萎縮してしまい、ぜひとも入社したい企業だと応募者は思わない。

厳格タイプの面接官がふと心を許して笑顔で語ると、応募者はそれまでの緊張感から解放され、好感を抱くことがある。厳格タイプの面接官がいきなり寛大なタイプの面接官にはなれないが、**厳しいなかにも優しさを打ち出すことで、応募者の本心を聞きだすことが可能だ。**

面接は厳しく行えばいいというものではない。応募者の実像を見極めることが目的だということを意識して面接を行おう。

厳格タイプの面接官の特徴

- 決まった質問を行い、応募者と打ち解けられない
- 採用したい社員像が固執している
- 圧迫面接を行う
- 興味を持たない内容は聞こうとしない

厳格タイプの面接官の問題点

- 応募者が好感を抱かず、入社したい企業にならない
- 厳しい雰囲気のなかでは、応募者は決まりきった回答しかしない

厳格タイプの面接官のよい面

- 応募者は面接の重みとハードルの高さを感じる
- 応募者の言葉に流されず、冷静な判断ができる

寛大タイプの面接官が陥りやすい誤り

寛大タイプの面接官は厳格タイプと異なり、ものわかりがよく、応募者の話を親身に聞くタイプだ。面接というより会話を楽しむ雰囲気があり、応募者も打ち解けて話をする。応募者の受けはよいが、業務に関連しない会話が中心になることもあり、応募者が逆に不安を抱くケースもある。

応募者の人間性を重視する傾向があり、実務能力についてのチェックが甘くなる。採用しても実務面が伴わず、現場からクレームがくることもあるので、寛大タイプの面接官は**職務経験が自社で求める人材と合致するか見極めることを意識しよう。**

寛大タイプの面接官は人が好きであり、応募者のよい面を評価するが、自社にふさわしい人材について深く考えていないことがあるので、採用基準についても認識しておく必要がある。好き嫌いで採用を行うと、偏った社員のみ採用することになる。応募者のなかには、会話が苦手だが職務能力が高い人材もいることを理解して面接を実施しよう。

募集職種の業務内容を事前に把握し、自社で貢献できる人材かどうかを冷静に判断しなければいけない。

面接が選考の場であることを自覚したうえで、応募者に共感して信頼関係を構築できれば、寛大タイプの面接官は、将来、自社で貢献する優秀な人材の気持ちをつかむことが可能だ。面接時に応募者に理解を示しても、入社後の実態が異なっているようでは問題がある。

寛大タイプの面接官の特徴

- 会話が好きで業務に関連しない話題で盛り上がる
- 採否の判断基準が曖昧なことがある
- 厳しい質問をせず、応募者の回答を鵜呑みにする
- 募集職種の業務内容を把握していないことがある

寛大タイプの面接官の問題点

- 実務能力の見極めが甘いことがある
- 好き嫌いで採否を決める傾向がある

寛大タイプの面接官のよい面

- 応募者が心を許し、本音で語る
- 好感度が高いので、内定辞退が少ない

Sense of recruiters

個性がないタイプの面接官が陥りやすい誤り

個性がないタイプの面接官は決まった質問を行い、淡々と面接を進める。一次面接担当者に多く、特に問題のない応募者を次回の面接に進める役割しかないことも多い。企業説明などを行う際、事務的に説明を行うため、応募者に感動を与えられない。

このタイプの面接官は融通が利かず、個性が強い応募者を嫌う傾向がある。考え方が固執しており、興味のない応募者の回答に耳を傾けない。

面接は面接官から質問をする場だと考えているため、応募者と言葉のキャッチボールができず、応募者があらかじめ用意してきた模範回答で、採否の判断を行う傾向がある。

応募者の身だしなみやあいさつにこだわり、清潔感のない応募者を嫌う。第一印象も採否の判断基準だが、応募者と会話をすることで本心が見えてくることを意識して面接を行おう。

二次面接の通過点だと考えないで、応募者に自社のよい面や将来性を熱く語ると、応募者も興味のある表情に変わり、面接官と応募者に一体感が生まれる。事務的に面接を行っていても、打ち解けた雰囲気にはならない。

自社の業務内容や募集職種に精通していない場合は、事前に把握したうえで面接に臨むと、応募者からの質問にも明快な回答ができる。

面接を型にはめず、応募者と会話をすることを意識してみよう。面接スタイルを特定せず、応募者によって臨機応変に対応することを意識しよう。

個性がないタイプの面接官の特徴

- 定番質問を中心に事務的に面接を行う
- 第一印象を重視し、清潔感を好む
- 応募者の回答に興味を示さない
- 自社の特徴を熱く語らない

個性がないタイプの面接官の問題点

- 応募者に感動を与えられず、入社意欲が失せる
- 会話が少ないため、本質を見抜けない

個性がないタイプの面接官のよい面

- 採用基準に基づき採否の判断を行う
- 応募者の状況に気持ちが流されない

Sense of recruiters

熱血タイプの面接官が陥りやすい誤り

熱血タイプの面接官はテンションが高く、自社の業務内容でも熱く語る。熱意を持って面接に臨むことは必要だが、応募者と温度差がある場合、面接官の熱血ぶりに好感を持たず、自分に合わない企業だと判断することがある。応募者を見極めることに熱意があるのではなく、熱意のある姿に面接官自身が酔いしれているようでは、応募者の気持ちを動かすことができない。

熱血タイプの面接官は話をすることに夢中になり、応募者の回答を親身に聞こうとしない傾向がある。自己中心的な面接では応募者を見極められないので、熱意を示す場面と冷静に話を聞く状況をうまく切り分けられるといい。

熱血タイプの面接官は自社に誇りを持っており、応募者の入社意欲を高めることが多いが、応募者の熱意と面接官の話に共感してくれたことだけで採否の判断をすると、実務能力が伴わない人を採用してしまうこともある。応募者が冷静なタイプの場合は違和感を抱く傾向があるが、自分と異なる場合でも応募者のよさを見つけるための面接を行う必要がある。

冷めた面接官より熱血タイプの面接官の方が応募者への好感度は高いが、**応募者の回答に耳を傾けることを意識的に行おう。**面接時は熱意があっても、採用後、急に冷めてしまう人がいるので、応募者の信頼を裏切らないためにも熱意のあるスタンスを崩さずに行動することが大切だ。

応募者がどのように捉えるかを意識したうえで、面接手法や質問に改善を加えていくと素晴らしい面接官に成長する。

熱血タイプの面接官の特徴

- 熱意のある応募者を採用する傾向がある
- 話好きで、一方的に話す傾向がある
- 自社に誇りを持って面接を行う
- 採用に熱意があり、問題改善意欲も強い

熱血タイプの面接官の問題点

- 面接官だけ盛り上がってしまうことがある
- 応募者の熱意を重視するあまり、実務面の評価をおろそかにする

熱血タイプの面接官のよい面

- 応募者が企業の特徴を理解でき、入社意欲が増す
- 面接に活気があり、好感度が高い

Sense of recruiters

相対的な評価ができない面接官が陥りやすい誤り

面接では応募者のなかから自社にふさわしい人材を選別するが、応募者に優れた点があるとすべてが優秀と受け取ってしまい、「できる人」として採用してしまう傾向がある。スペシャリストとして一点が優れていれば採用することはあるが、優れている点だけ見てしまうと欠点が見えなくなり、組織適応能力に欠けるなど、入社後、問題になるケースもある。

相対的に評価しなければ、面接官の好き嫌いで採用を決定してしまう危険性がある。自社で必要な採用基準を満たしているか、優れている点と劣っている点を総合的に判断しているかを考えてみよう。

相対的に判断できない面接として、最初と最後に行った応募者では、最後の応募者の印象が強く、高い評価をしてしまうケースがある。前に行った応募者が優れていると、次の応募者に対して親身に話を聞かないため、優れている点を見落としてしまう面接官がいる。前の応募者が採用基準を満たしていなかった場合、次の応募者に甘い点数を付けてしまい、採用後に求める人材と異なることに気付くようでは、面接官としてスキルに問題がある。

面接は、応募者に対して先入観を持たず、公平に見極めなければいけない。

評価基準を明確にして面接チェックシートなどの記録を残し、面接の順番にかかわらず、相対的な評価ができるようにしよう。面接官が人を見極めるには、**自社で貢献できる人材像を認識したうえで採用基準を明確にすることが大切**だ。曖昧な基準であれば、異なる面接官で判断も違ってくる。

応募者に不利にならないよう、相対的かつ公平に人を見極めることが大切だ。

相対的に評価できない事例

- 面接後半の応募者の印象が強く残る
- 前の応募者の評価で次の応募者を対比してしまう
- よい点があると総合的によいと判断してしまう
- 面接官の好き嫌いで判断してしまう

Sense of recruiters

第一印象で評価してしまう面接官が陥りやすい誤り

面接は、通常二十分から三十分程度で行われ、どんなに長くても一時間以内で終了する。短い面接時間で、応募者が自社に見合う人材か見極めなければいけない。応募者がどのような人柄か判断するうえで、第一印象で評価してしまう傾向がある。第一印象がよければ、「できる人」だという先入観を持ち、その後の回答もよく受け止めてしまう。一方、第一印象が悪いと、素晴らしい回答であっても、印象が悪いという先入観が先行し、回答を評価しない。

私は、求職者支援も行っているが、彼らに第一印象をよく見せるようにトレーニングをしている。入室時のあいさつ、視線、表情などを修正することで、それまで採用されなかった人も内定が取れる。内定が取れることは求職者にとって喜ばしいことだが、面接官が本当に本質を見抜いて評価したうえで採用しているのか疑問に感じることも多い。第一印象や回答を修正することとで内定が取れるという事実は、面接官に与える印象が採用に影響している証かもしれない。

多くの面接を経験している面接官は、第一印象で応募者の人間性や性格を見抜いてしまうことも多い。人間関係においても相手に与える第一印象は重要であり、ビジネスでも第一印象が悪い人は成功できないケースがある。この点からも、第一印象で判断することが悪いとは言わないが、第一印象だけで判断しないように面接を行うことが大切だ。

面接では**いったん第一印象をクリアにして、応募者の回答に耳を傾ける**ようにしよう。そして回答、表情、仕草、印象などを総合的に判断して採否を決めることが、自社に見合う人材を採用するためには必要だ。

第一印象で応募者を評価する問題点

- 第一印象が悪いと、その後の回答を評価しない
- 第一印象がよいと、その後の回答も高く評価する
- 応募者は第一印象をよく見せるトレーニングをしている

第一印象で惑わされる原因

- 笑顔や姿勢がよい
- 好感度の高い表情
- 声のトーンが心地よい

Sense of recruiters

減点方式で評価する面接官が陥りやすい誤り

面接を行う場合、応募者のマイナスな面を減点していく方法と、プラスな面を評価して加点していく方法がある。どちらが正しいという正解はないが、応募者も企業を選んでいることを考慮すれば、面接官は応募者のよい点を評価し、最終的な判断もプラス面が多い応募者を採用すべきだと思う。

減点方式の面接は、どうしても応募者の欠点をあら探しする傾向があり、よい面に気が付かずに面接が終わってしまうことも多い。完璧な人間など一人もいないのだから、問題点について検討するより、よい部分を自社で活かせるかという前向きな面接が、応募者にもよい印象を与える。マイナス面を見つけようとすると面接官は厳しい表情で臨むことになるが、応募者のよい部分を評価する面接は応募者のアピールに共感できるため、面接時に応募者も悪い気がしない。面接だけに限らず、人間関係においても、相手の悪い面を探すより、よい面を評価する方が良好な関係を保てる。

加点方式の面接では、応募者がアピールする内容に興味を持ち、さらに面接官が質問を行う形式になるので、予測していない質問について自分の言葉で語ることになる。この応募者の言葉に信憑性があるか、自社で活かせるかという点を面接官は見極めなければいけない。

加点方式の面接で問題になる点には、応募者のよい部分を評価するため、どの応募者もよく見えてしまうことがある。そのため、事前に自社で必要とする人材を明確にし、よい面が自社で必要とするかどうかを見極めなければいけない。

加点方式で応募者のよい部分を少しでも見つけようとする面接官の態度、表情、言葉が、応募者に好印象を与えることは間違いない。

加点方式面接のデメリット

- よい部分が多いと選別が難しい
- 入社後に問題になることを面接で見逃してしまう
- 応募者のペースで面接が進む

加点方式面接のメリット

- 応募者が気付いていないよい部分を発見できる
- 応募者に好印象を与える
- 自社で貢献できることが明確になる

Sense of recruiters

自分と似ている理由で評価する面接官が陥りやすい誤り

面接で自分と似ている人を評価してしまう傾向があるが、自社の社風や求める人材と合致しているかどうかを見極めなければいけない。対人関係でも自分と声のトーンや会話の間の取り方が似ていると心地よさを感じるが、面接の目的は応募者が自社にふさわしい人材かどうかを見極めることだと理解すれば、心地よさだけを評価してはいけないのはわかるだろう。

応募者の印象が似ているだけでなく、歩んできた経歴が面接官と共通していると高く評価してしまう傾向があるが、企業は同じタイプの社員が多いから繁栄するわけではない。既存社員と異なる経歴や人間性が、自社の発展に必要なことも多い。面接官と似ている社員が増えることについて考えてみよう。

自分と異なる性格や経験の応募者を判断できないケースもある。面接官と似ている場合は、応募者の気持ちを読み取りやすいが、かけ離れた応募者は何を考えているのか理解しにくいのだ。理解しにくい、心地よさがないという理由で応募者のよい部分を探ろうとしない面接では、企業の発展は望めない。面接官の好き嫌いだけで応募者を判断すれば、自社にない能力のある応募者を不採用にしてしまう可能性が高い。

企業は組織で運営されているので、職務能力が高くても組織適応力がなければ採用は難しい。面接官と似ていないからという理由ではなく、独特の個性があっても組織に適応し、能力を発揮する人材かどうか、見極めることが大切だ。

一方、似ていないことを高く評価してしまう面接官もいるが、これも似ていないという理由だけで他の部分を評価してしまう危険性がある。自分に似ていないから素晴らしい人材だという保証はどこにもない。冷静に相手の職務経験、職務能力、人間性、ポテンシャルなどを見極め、採否の判断をしなければいけない。

一点に惑わされることが他のジャッジに影響しないように、**面接官は幅広い視点から応募者の自社における貢献度をチェックすることが大切**だ。

過去の経歴だけで評価してしまう面接官が陥りやすい誤り

面接で大切なことは、**応募者の現在と将来について見極める**ことだ。当然、現在の応募者の姿は過去からの積み重ねであるが、過去の経歴だけで応募者を判断してしまうと、入社後、「こんなはずでは……」と嘆くことも多い。

転職回数が多い応募者に対して、職務経歴書を見ただけで転職回数が多いから採用できないと決め付けてしまう面接官がいる。なかには過去の転職回数に制限を付けて応募条件にしている企業もあるが、転職回数が多い理由を確かめずに面接を受けさせない企業であれば、今後の発展は期待できないだろう。

過去の経歴をチェックすることは必要だが、**転職回数が多ければ理由を確認して納得できるか判断し、さらに、現在、転職回数の多さをどのように受け止めているか見極める**必要がある。転職回数が多くて転職活動がうまくいかなかった応募者が、唯一採用してもらった企業に恩義を感じ、企業に貢献するようなケースはいくらでもある。

過去の経歴だけで評価してしまう面接官は、一流大学、一流企業名が職務経歴書に記載されているだけで、「できる人」だと判断してしまう。確かに能力はあるかもしれないが、自社で必要とする人材なのか、先入観を持たずに見極めることが大切だ。過去の経歴だけで評価するならば、面接を行わず、書類だけで採否を決めればいい。

二十五歳を超えていれば、学歴ではなく、**職務経験を重視して面接を行うべき**だ。過去の経歴ではなく、現在の能力、ポテンシャルから自社で活躍する人材か否かを考えて面接を行うことが大切だ。

過去の経歴で採否の判断を誤らないためのポイント

- 学歴、職歴だけで「できる人」だと判断しない
- 二十五歳を超えれば、学歴ではなく実務面で判断する
- 過去に問題があっても現在の気持ちや職務能力を評価する

Sense of recruiters

一方的に話をする面接官が陥りやすい誤り

面接は、本来、応募者の回答や表情から自社にふさわしい人材かどうかを見極めなければいけないが、面接官が一方的に話をしてしまい、応募者がほとんど回答をしないケースがある。

面接官からの説明が必要な場合でも、面接は応募者が回答をしなければ、見極めることができない。一方的に話をしてしまう面接官は、話すことに心地よさを感じ、話を聞けないタイプかもしれない。

「面接で志望動機や自己ＰＲという質問をされず、面接官の説明だけで内定が出たが、自分のことを理解していない企業に入社することが不安だ」と応募者から相談を受ける。応募者のことを理解したうえで採用しているとはとても感じられないと言うのだ。このような面接官は、面接で応募者を見極めることを行わず、とにかく採用をしたい、あるいは、応募者の面接時の回答など期待できないと考えているのかもしれない。

面接官は、応募者の能力や経験、さらには組織適応力などを、質問を通じて把握しなければ、自社に見合う人材など採用できない。応募者を知ろうと思わなければ、形式だけの面接で終わってしまう。

面接を進行させる主導権は面接官にあるのをいいことに、一方的に話して面接を終えるようでは、いつまでたっても必要な人材の採用は難しいだろう。応募者が伝えたいことを話すことで入社への意欲が増す。面接官は、**応募者にいかに自分の言葉で話をさせるかを真剣に考えなければいけない。**

面接官が一方的に話をしてしまう理由

- 企業説明など、伝えなければいけない内容が多い
- 面接官が、話をすることに心地よさを感じる
- 面接官が、応募者を見極める能力に欠ける
- 面接官が、面接で人を選ぶ意義を感じていない
- 誰でも構わないという採用方針がある

内定辞退を相手が悪いと判断する面接官が陥りやすい誤り

内定辞退の電話を受けても仕方がないと簡単に諦めてしまう面接官もいれば、辞退する内定者が悪いと考える面接官もいる。私も内定を辞退してきた相手が悪いと考え、非常に腹立たしいと感じた時期があった。

内定を辞退する理由はさまざまだが、**面接官が自社の魅力を伝えられなかったことも原因の一つ**だと考えられる。応募者が入社したいと決断できない理由が、面接官を通じて企業の魅力や活き活きと働く姿をイメージできなかったのかもしれない。

内定を辞退された場合、謙虚な気持ちで面接を振り返ってみよう。応募者と信頼関係が構築できていれば、辞退をするにしても「内定を辞退します」という一言では終わらないはずだ。面接で応募者の人生を真剣に考えて会話をしたならば、辞退をする前に相談があるかもしれない。

求職者は、通常、複数の企業へ応募しており、内定を取れた企業のなかから自分に合う企業を選別している。内定辞退は自社が内定者から選ばれなかったという事実だと真摯に受け止め、採用手法や面接について考えてみなければいけない。

企業規模や待遇面が他社に劣っていて採用できないことも確かにあるが、応募者が入社したいと考える決め手は、存在価値を見出し、活躍できる企業かどうかという点だ。上から目線で「採用してやる」という面接を行っていれば、応募者は決して入社したいとは感じないだろう。

内定辞退を応募者からのメッセージだと受け止め、応募者がぜひ入社したいと感じる面接について考えてみよう。

内定辞退理由

- 他社が条件面で勝っている
- 入社後、必要とされているように感じない
- 面接官が高飛車な態度で不愉快
- 労働条件などが曖昧
- 在職中の場合、転職を思いとどまる
- 新卒の場合、別の進路に進む

COLUMN

面接官により点数が異なる現象

三名の面接官がどのような採点をするかというテレビ番組に、面接官の一人として出演したことがあります。数名の応募者役の人に質問をして点数を付けるのですが、それぞれ異なる採点結果が出て、面接官の視点が異なることが如実に表れました。面接が人の判断で決めることを考えれば、少なからず面接官の経験と好き嫌いが影響しています。採点の理由をそれぞれの面接官が述べるのですが、もっともな理由を語り、「なるほど、そういった視点もあるのか」と感じました。

できれば一人の面接官で採否を決めず、複数の面接官が携わり、採否の見解についてお互いに意見を交換することが大切です。私の経験でも真面目で問題ないだろうと考えた人が一カ月で辞め、大丈夫かなと心配した人が入社後に活躍するケースもあります。人を見極める難しさを、テレビの企画で改めて実感しました。

第6章
面接スキルそのものを高めよ

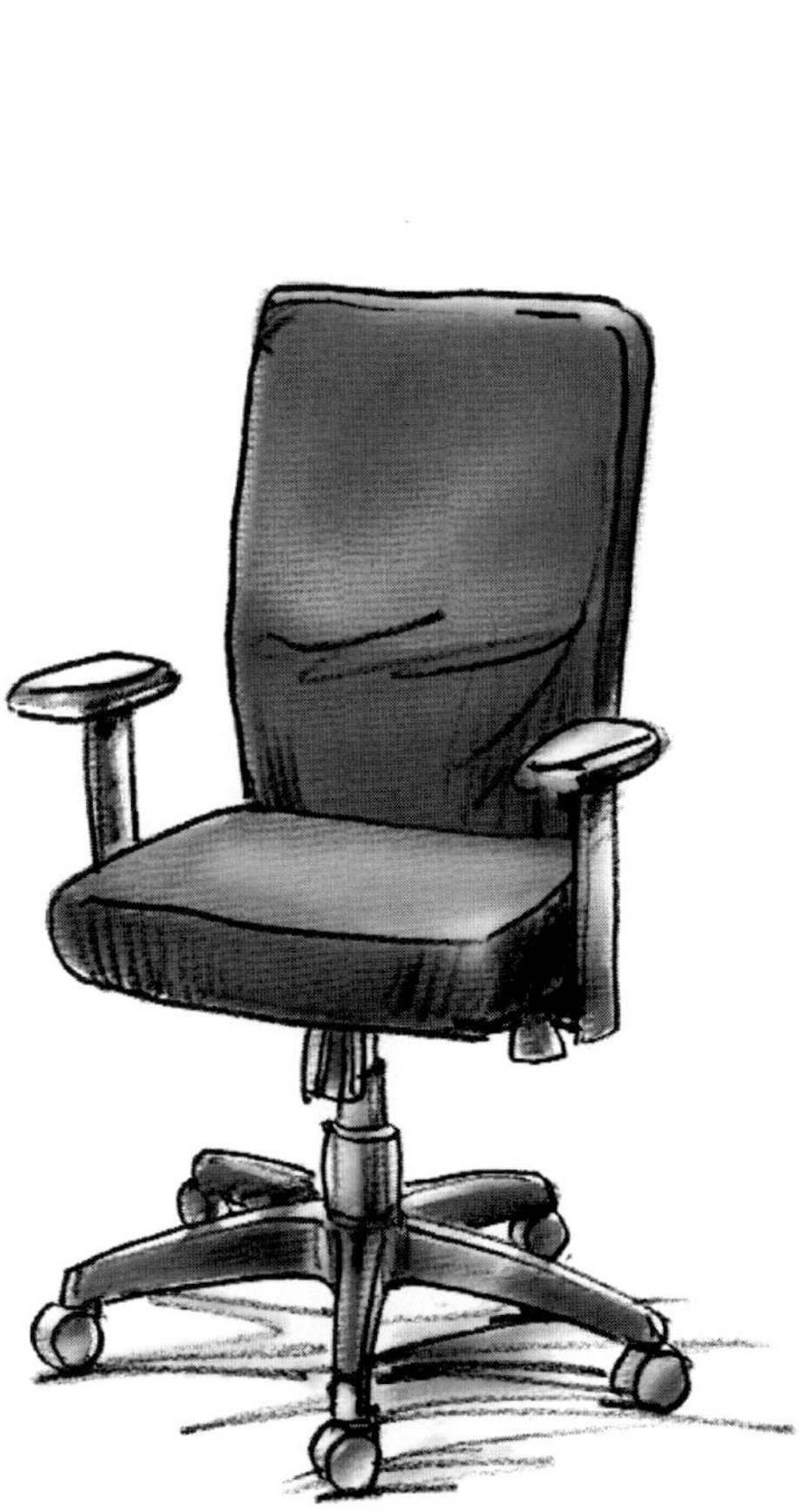

Sense of recruiters

Sense of recruiters

面接で応募者を見極める視点

自社で求める人材をあらかじめ把握していなければ面接で正しい採否の判断はできないが、**基本的な応募者を見極める視点は職務能力（新卒採用では適性）と人間性に大分類できる。**面接官の感覚や経験値ではなく、何を持って採用なのか、不採用なのかを納得していなければ、採否の判断基準が曖昧になってしまう。職務能力、人間性、どちらが欠けても企業人としては問題があり、双方をバランスよく兼ね備えていることが条件になる。

職務能力は、新卒採用では学業やアルバイト経験と自社の職務に関連性があれば、おおよその適性を見極めることができる。転職採用では、前職の経験をどのように活かせるか判断をする。

人間性を見極めるポイントは、企業人としてのスタンスで考えることだ。性格がいくらよくても、忍耐力、ストレス耐性、協調性などが欠けていれば、組織のなかでは成功しない。人がいいだけでは問題に直面したとき、改善能力がなく、逃げ出してしまうケースもある。応募者の雰囲気だけでなく、できるだけ多くの言葉を引き出し、本質を見極めることが大切だ。

面接全体を通じて、**職務能力と人間性が自社に見合う人材かどうかを判断しよう。**

職務能力

職務適性(新卒採用)

- 学業やアルバイト経験を活かせるか
- 志望動機に説得力があるか

職務能力(転職者採用)

- 職務経験が、自社で求める職務と合致するか
- 記載されている職務経験に信憑性があるか
- 短期間で即戦力となる職務能力があるか
- 現状に満足せず職務能力を高めていく向上心があるか
- 自社だからこそ能力を発揮したい熱意があるか

人間性

- 周囲の人間と協調して仕事ができるか
- 前向きにチャレンジしていく積極性があるか
- 忍耐力、ストレス耐性があり心身共に健康か
- 企業の方向性を把握し共感しているか
- 仕事へのポテンシャルが高いか

Sense of recruiters

面接で活かせる口説きのテクニック

面接官は人が好きでなければいけない。面接では応募者の気持ちを引き寄せるために口説くことが必要だが、口説くためには面接官の思いを一方的に伝えるだけでは口説けない。相手の気持ちを読み取りながら、自社に入社後の姿を応募者にイメージさせる。口説くテクニックは一方的に押すだけでなく、相手に決めなければ損だと思わせる状況を作り、一歩引いてみる絶妙のバランスが大切だ。口説くためには相手が好感を持つような落ち着いた話し方や身だしなみも意識する。

恋愛関係を想像してみるといい。一方的に言い寄られると引いてしまうことがあるが、面接も採用しなければいけないという焦りから自社のよい部分だけをマシンガンのように語っても応募者の気持ちを動かすことはできないだろう。恋愛関係で相手のすべてがわかってしまうと興味がなくなることがあるように、面接官が洗いざらい企業の実態を話すことで、企業に対する夢や憧れがなくなってしまうこともある。

口説くための基本は、相手に好感を持つことだ。言葉でどんなに素晴らしいことを言っても相手の視線を見て思いを語らなければ、口説くことはできない。相手の悪い部分だけが目に付くと、好感を抱く前に見下した態度を取るだろう。応募者を口説くためには、相手に最大限の興味を持ち、好感を抱いてみよう。

面接官から好感を持たれていると感じて、悪い気がする応募者はいない。面接官が好感を持つことで、応募者も面接官に好感を抱き、応募企業へ入社したいという気持ちが強くなる。

恋愛関係の男女は目が輝いているが、面接時の面接官も恋愛と同様に目を輝かせて面接を行うことが大切だ。

面接で応用する口説きのテクニック

- 応募者のよい部分を評価して好感を抱く
- 話すときは応募者の目を見て話す
- 一方的に話すのではなく、相づちを打って聞き役にもなる
- 決めなければ損だと思うような状況を作る
- 身だしなみと相手に与える表情に注意を払う

内定辞退が多い面接官が考えるべきこと

内定辞退が多くて悩んでいる面接官がいると思うが、応募者の立場になって面接を行っているか考えてみよう。採用条件に見合うかという企業側の視点だけで面接を行っていると、面接が殺伐としたものになり、応募者に感動を与えられない。

面接は応募者にとっても自分に合う企業なのかを見極めているということを考え、応募者の疑問や不安を払拭するようにすると、信頼関係が構築できる。応募者の採否を決めるのは面接後でも構わない。

応募者が入社して能力を発揮できる環境を提供したい、応募者が入社してよかったと思えるようにしたいという視点で面接を行うと、応募者に面接官の気持ちが間違いなく伝わる。事務的に選別しているような面接であれば誰でもできるが、入社には至らない。**応募者の気持ちをくみ取りながら面接を行うと、応募者の不安な表情や言動を理解できる**ようになる。

応募者の不安な気持ちや表情を理解できたらそのままにせず、不安を払拭する説明を行うことで、内定辞退を防ぐのだ。内定後であっても必要であれば、応募者の不安を払拭するため、再度、面談をするぐらいの熱意が必要だ。

「できること」「できないこと」を明確にしたうえで、仲間として受け入れたいという気持ちで面接を行おう。

内定辞退が多い面接官のチェックポイント

- 入室時、口角を上げ笑顔で応募者を迎えているか
- 応募者の回答に相づちを打って興味深く聞いているか
- 応募者の回答に不信な表情をしていないか
- 回答を聞き流すだけでなく、さらに質問をしているか
- 企業説明が事務的になっていないか
- 職務説明で厳しさだけを語っていないか
- 応募者が活躍できる職務について語っているか
- 説明時でも一方的に話をせず、応募者に問いかけているか
- 圧迫面接で場の空気を悪くしていないか
- 応募者の回答だけでなく、表情・語調を読み取っているか
- 応募者の抱えている問題点を曖昧にしていないか
- 応募者の質問に対して曖昧に回答していないか
- 採用したい応募者に対して気持ちを語っているか
- 一次面接中に内定の意志表示をしていないか（応募者は不安に感じる）
- 内定通知など、担当者に任せっきりにしていないか

Sense of recruiters

入室から退室までの流れとチェックポイント

面接は、志望動機、退職理由、自己PRという定番質問を五分程度で行う。入室時の第一印象とともに、定番質問の回答で面接官は採否の方向性を決断してしまう傾向がある。確かに志望動機や自己PRという回答は採否を決めるうえで重要な質問だが、応募者の多くが事前に回答を準備してきており、**定番質問だけで決めてしまうことは、判断を誤る可能性がある。**

面接にかかる時間は面接官によってさまざまだが、おおよそ三十分以内で終了する。定番質問後の残りの二十五分間は、企業説明や仕事内容に時間を取ることもあるが、定番質問で見極めた判断が誤りでないか確認するため、新たな質問を行う。人を見極めるうえで先入観だけで決め付けず、面接時間をフルに活用し、総合的に判断をすべきだ。五分間で自社に見合わないと決め付けてしまえば、会社説明もおろそかになり、応募者について深く知りたいと考えなくなる。面接の流れはおおよそ次のようになる。

面接の流れ（転職者採用）

❶ 入 室
↓
❷ 着 席
↓
❸ 前職の仕事について質問
↓
❹ 退職理由について質問
↓
❺ 志望動機について質問
↓
❻ 自己PR（長所・短所について質問）
↓
❼ 会社説明・業務内容説明
↓
❽ 回答から気になる点について質問
↓
❾ 入社時期・希望給与について質問
↓
❿ 応募者からの質問
↓
⓫ 面接終了（退室）

それぞれの流れのなかでのチェックポイントは、次のようになる。なお、チェックポイントの詳細については、次章で詳しく解説している。

応募者を見極めるチェックポイント（新卒採用）

●面接前

□来社時間に問題がないか

□あいさつがきちんとできるか
□待機時間が長い場合、態度が横柄にならないか
□筆記試験などで周囲への気配りができているか

●入室時
□面接官を見て明快なあいさつができるか
□着席時に学校名、氏名を名乗り、背筋が伸びているか
□学生らしいさわやかな印象があるか

●学生時代
□学生時代に打ち込んだものがあるか
□学業成績、出席状況に問題がないか
□アルバイトやクラブ活動経験から上下関係を理解しているか
□単位不足で卒業できない可能性がないか

●セミナー・説明会

□セミナー・説明会で説明した内容を把握しているか

●志望動機

□就きたい仕事が明確か
□学業、アルバイト経験などと関連するか
□将来の目標を持っているか
□自社だからこそ入社したい動機があるか
□仕事へのポテンシャルがあるか

●自己PR

□自分分析ができているか
□漠然とした内容ではないか
□仕事に活かせる自己PRか
□過大に自分を評価していないか
□簡潔明瞭に語っているか

●**職務能力**

□自社で活かせる適性があるか

●**人間性**

□社風に合う価値観を持っているか

□上下関係を理解し、素直に吸収できる人材か

□コミュニケーション能力があるか

□集団面接では、他の応募者に気配りをしているか

●**回答の信憑性**

□面接官を見て話ができるか

□語尾が聞こえないことがないか

□手の動きが散漫なことがないか

●**待遇面・労働条件**

□待遇面・労働条件に問題がないか

●周囲の環境

□家族の反対はないか

●総合評価

□入社への意欲を感じるか

□面接官に対して好感を持って接しているか

応募者を見極めるチェックポイント（転職者採用）

●面接前

□来社時間に問題がないか

□横柄またはなれなれしい態度ではないか

□待機時間が長い場合、態度が横柄にならないか

●入室時

□面接官を見て明快なあいさつができるか

□着席時に氏名を名乗り背筋が伸びているか

●前職の仕事

□前職の強みを把握しているか
□自社で求める人材を理解しているか
□企業で貢献できることをイメージしているか
□実績や評価を過大に語っていないか
□未経験者は、前職の経験で活かせることを把握しているか

●退職理由

□円満に退職しているか
□予期せぬ退職でも転機と捉えているか
□やりたいことの実現を意識しているか
□人間関係で問題がなかったか
□前職が嫌で、逃避していないか

●志望動機

□過去の経験、強みを活かして貢献したい志望動機か

□キャリアビジョンを持っているか

□自社だからこそ入社したい動機があるか

□仕事に信念を持っているか

●自己PR

□漠然とした内容ではないか

□社会人経験の事例を説明しているか

□過大に自分を評価していないか

□自社で活かせる強みを語っているか

□簡潔明瞭に語っているか

●職務能力

□求める人材と合致する能力があるか

□職務経歴書の記載内容に誤りがないか

●**管理能力**

□リーダーシップを発揮した経験があるか

□数値管理ができるか

●**人間性**

□社風に合う価値観を持っているか

□組織適応力があるか

□コミュニケーション能力があるか

●**回答の信憑性**

□面接官を見て話ができるか

□語尾が聞こえないことがないか

□手の動きが散漫なことがないか

●**待遇面・労働条件**

□待遇面・労働条件に問題がないか

□前職の待遇に偽りがないか

●入社時期・周囲の環境

□入社時期は問題ないか
□現職企業や家族の反対はないか

●総合評価

□入社への意欲を感じるか
□面接官に対して好感を持って接しているか
□仲間として働きたい人材か

次のページには、面接のときに実際に使える「面接チェックシート」を掲載している。ぜひ、活用してほしい。

平成　　年　　月　　日

面接官チェックシート（新卒者用）

応募者氏名 ＿＿＿＿＿＿＿＿
面接官氏名 ＿＿＿＿＿＿＿＿

	悪い	普通	良い
第一印象・態度・表情			
・清潔感があり、好感が持てる印象か	1	2	3
・仕事への熱意を視線、表情から感じるか	1	2	3
・聞く態度に好感が持てるか	1	2	3
学生時代			
・希望職種と学業に関連性があるか	1	2	3
・希望職種に向けて自己啓発をしているか	1	2	3
・アルバイト・クラブ活動などに打ち込んでいるか	1	2	3
志望動機			
・自分の言葉で語り、信憑性があるか	1	2	3
・自社だからこそ入社したい理由を語っているか	1	2	3
自己PR			
・自社の業務に活かせるアピールか	1	2	3
・回答が具体的であり、説得力があるか	1	2	3
総　合			
・上下関係を理解し、組織適応力があるか	1	2	3
・説明を理解し、入社したい意欲を感じるか	1	2	3
・問題なく卒業でき、就職のみを考えているか	1	2	3
・戦力として期待できるか	1	2	3

総合評価　　　点（42点満点）

諸条件

・通勤時間について	転居が必要	1時間～2時間	1時間以内
・通勤方法	（		）
・他社の応募状況	（　　　）	（　　　）	（　　　）
・自社の位置付け	第一志望	他社と検討中	
	理由（		）

面接官コメント

※「面接チェックシート」は、C&R研究所のホームページからダウンロードすることができます。ダウンロード方法については、215ページを参照してください。

平成　　年　　月　　日

面接官チェックシート（転職者用）

応募者氏名 ＿＿＿＿＿＿＿＿
面接官氏名 ＿＿＿＿＿＿＿＿

	悪い	普通	良い
第一印象・態度・表情			
・清潔感があり、好感が持てる印象か	1	2	3
・仕事への熱意を視線、表情から感じるか	1	2	3
・聞く態度に好感が持てるか	1	2	3
職務能力			
・職務経歴書の内容に信憑性があるか	1	2	3
・求める職務能力、経験があるか	1	2	3
・異業種や未経験でも当社で活かせるものがあるか	1	2	3
退職理由			
・転職理由が納得でき前向きに捉えているか	1	2	3
志望動機			
・自分の言葉で語り、信憑性があるか	1	2	3
・自社だからこそ入社したい理由を語っているか	1	2	3
自己PR			
・仕事に関連する強みを語っているか	1	2	3
・回答が具体的であり、説得力があるか	1	2	3
総　合			
・好感が持て組織適応力があるか	1	2	3
・説明を理解し、入社したい意欲を感じるか	1	2	3
・戦力として貢献できる人材か	1	2	3

総合評価　　　点（42点満点）

諸条件

・通勤時間について	転居が必要	1時間～2時間	1時間以内
・通勤方法	（		）
・入社可能時期	4カ月以上	1カ月～3カ月	1カ月未満
・給与・待遇面	希望給与（	万円）	
・その他条件	（		）

面接官コメント

Sense of recruiters

できる面接官とは？

できる面接官は、自社で必要な人材を確実に採用できる面接官だ。これまでは採用できない面接官がよく言う応募者の質が悪いなどの言い訳を周囲が鵜呑みにしていたため、面接官のレベルについて判断できない事情があったが、今後は面接官も営業職と同様に数値面の実績を問われるようになるだろう。

面接で採用さえすれば、できる面接官という捉え方は間違っている。内定者数だけにこだわれば、調子のいいことを語り、内定を出せばいい。大切なことは、採用した人材が定着し、活躍することだ。面接官は自社に必要な人材を的確に見極めるだけでなく、応募者が入社する気持ちにさせなければいけない。

人を見る厳しい目と応募者の気持ちを動かす温かい人間性が面接官には必要だ。採用しなければいけないと考えると、入社させることに力を注ぎ、応募者を見る目が甘くなるし、応募者の採用基準を高めるだけでは、いつまでたっても採用できないだろう。

面接官は、自社の現状を認識しつつうバランスのよい面接を行わなければいけない。

できる面接官

- 会社概要について熟知している
- 求人要綱・募集職種について熟知している
- 自社で活躍する人材像を把握している
- 先入観を持たずに応募者の話が聞ける
- 過去よりも現在・将来の応募者をイメージする
- 応募者のよい面を探ろうとする
- 応募者に共感し、信頼関係を構築する
- 回答に興味を持ち、定番質問以外の質問を行う
- 落ち着きがあり、言葉に重みがある
- 応募者の疑問に明快に回答する
- 人が好きで、人の力を信じている
- 高飛車な態度を取らず、応募者と面接官は対等だと考える
- 面接を受けてくれたことに感謝の気持ちがある
- 内定辞退に一喜一憂せず、冷静に理由を分析する
- 気分が顔に出ず、相手に好印象を与える
- 相手を尊重した面接をするため、不快感を与えない
- 自社の問題点を解決していく積極性がある
- 愛社精神が強い

COLUMN

部下から上司へ言えない状況

Dさんは、採用時に優秀な人材で入社後も真面目に仕事に取り組んでいたため、現場での忙しい状況をわかっていながらも声もかけずに数年が過ぎました。そしてDさんから「辞めます」と退職の申し出があったときの表情や言葉は入社時とまったく異なるもので、何でもっと早く声をかけてあげなかったのか悔やみました。

困ったことがあれば何でも話すようにと上司は部下へ言いますが、業務に追われている上司の姿を見ている部下は、気軽に声をかけることなどできません。上司から部下に一声かけなければ、話をするチャンスなどないのです。会話をしない関係が長く続くことで部下から上司への信頼もなくなっていきます。何も言わないからうまくいっていると考えず、一声かけて様子を見る気配りが、上司には必要だと実感しています。

第7章

目に見えない応募者の
人間性・性格を見抜け

Sense of recruiters

Sense of recruiters

面接前の行動から読み取れるポイント

面接で応募者は少なからず自分をよく見せようとしているが、**面接前に応募者の人間性や仕事の姿勢が表れることが多い。**面接日時のやり取りを行う際に、企業が提示した面接日時に来社することが難しい場合に代替案を提示してくる応募者は仕事の段取りがうまい。

面接時間より十五分以上前に来社する場合、自己中心的であり、相手の状況を読み取れない応募者かもしれない。一方、一分でも遅刻をするときに電話連絡を入れない応募者は、ビジネスマナーに欠けている人材だと判断できる。

来社時に社内を見回す応募者は、企業規模が小さいことを見下している可能性がある。受付に気軽に話しかけて愛想がいい、あるいは、ぶっきらぼうで愛想が悪い応募者は裏表がある可能性がある。

筆記試験や適性検査の際、消しゴムのかすを机に散らかしたまま放置する応募者は自己中心的なところがあり、自分だけよければいいという仕事を行う。控え室の態度でも、脚を組む、あるいは広げて座る人は、電車でも社会人としてのマナーに欠けていることが予測できる。控え室にある雑誌などを断りもなく読む人は、どの企業にも採用されず、面接慣れしている。

においのきつい香水やコロンをつけて来社すると狭いオフィスや控え室ではにおいが充満してしまうが、そういう応募者は周囲の人間がどのように感じるか把握できない人であり、人間関係で問題を起こす可能性がある。出されたお茶を一口も飲まない応募者は、気持ちに余裕がないか心を開いていないかもしれない。

面接開始時刻が遅れることがあるが、このときの応募者の表情が不機嫌であれば、自己中心的であり、仕事を途中で投げ出す人材かもしれない。

面接前のチェックポイント

- 的確な時間に来社するか
- 社内を見回すような態度を取らないか
- 受付などでビジネスマナーを心得ているか
- 控え室の態度に好感を持てるか
- 出されたお茶を飲むか
- 面接開始時間が遅れる場合、不機嫌な表情にならないか
- 筆記試験などで消しゴムのかすを処理できるか

Sense of recruiters

入室時の対応から読み取れるポイント

採用担当者向けセミナーでは、第一印象で先入観を持たないようにアドバイスするが、第一印象が応募者の現状を物語っていることも多い。

入室時に「失礼いたします」という声が弱々しい場合、仕事に自信がないか、緊張をしていることが考えられる。鮮明な声であいさつができる応募者は、仕事ができる可能性が高い。

入室時のお辞儀にも注目してみよう。多くの応募者は素早くお辞儀をして動きが慌ただしいが、落ち着きがある応募者はお辞儀一つでもきちんとメリハリがあり、好感の持てるあいさつができる。あいさつ後にドアを両手できちんと閉め、椅子の方向へ背筋を伸ばして歩く応募者も見所がある。

あいさつをするとき、面接官を見てあいさつをしているか見極めてみよう。職務能力に不安がある応募者は、面接官の方向を見ずに形式的にあいさつを行い、そわそわとした動きで椅子の横まで進む。

入室時に面接を待ちわびていたような嬉しそうな表情の応募者は、仕事に自信があり、早く自分のアピールポイントを伝えたいという熱意がある。一方、顔がこわばって固い表情の応募者は、緊張をしているか、対人関係に慣れていないことが多い。入室時は応募者に質問をする前だが、この時点の表情や態度から、その後の面接がおおよそ把握できてしまう。

先入観を持って面接をしてはいけないが、求める人材と合致するかを見極めるうえで、職務経験以上に人間性は重要になる。**入室時だけでも応募者の本質を見極める多くのポイントがあることを理解しよう。**

入室時見極めポイント

- 鮮明で気持ちがよいあいさつができるか
- お辞儀をする際、面接官に向けてあいさつができるか
- 行動が落ち着いており、そわそわしていないか
- ドアの閉め方など、マナーを心得ているか
- 歩き方に落ち着きがあるか
- 椅子の横で着席前に鮮明に氏名を名乗れるか
- 面接を受けることに喜びを感じているか

Sense of recruiters

面接時の視線と姿勢で読み取れるポイント

面接で応募者の視線に注意してみよう。面接官の目を見て話をせず、視線を大きくそらす応募者は、回答の信憑性を疑ってみる必要がある。物事を考えるときに視線を動かすことはあるが、視線を落とすような場合は偽りの回答の可能性がある。さらに突っ込んで質問を行うと黙ってしまう人もいる。

履歴書に添付されている写真の眼力は、応募者の意志の強さや仕事への思いを見極めるうえで重要だ。自信がない人は眼力がなく、目に輝きがない。自信過剰では困るが、仕事ができる人は求められる職務に自信があり、能力を発揮したいという強い意志を感じる。

目の表情は気持ちを表すが、面接官をにらみ付けるような視線は好ましくない。強い意志を示したいと無理をして相手を見つめていることも考えられる。仕事にワクワクした気持ちがあると自然と口角が上がるが、同時に眼差しも柔らかくなる。能力があって気持ちに余裕がある応募者は面接官をにらみ付けるのではなく、温かい眼差しで回答できる。

視線だけでなく、姿勢や手の動きもチェックしてみよう。着席時に身体的な問題がないのに背筋が伸びていない応募者は、自信がないか入社意欲に欠ける可能性がある。適度なボディランゲージは、理解してほしいという気持ちから自然に生まれるので問題ないが、回答中に髪や顔を触るという動きは、視線をそらすことと同様に、語っている内容に疑いがある可能性がある。

視線や表情は回答以上に応募者の気持ちを語っていることが多いので、本質を見極めるうえでもチェックしてみよう。

視線と姿勢のチェックポイント

- 回答時に大きく視線をそらす ➡ 回答の信憑性を疑ってみる
- 眼力がない ➡ 仕事に自信がない
- 姿勢が悪い ➡ アピールできる能力がない
- 髪や顔を触る ➡ 回答の信憑性を疑ってみる
- 口角が下がり、眼差しが冷たい ➡ 仕事にやる気がないもしくは自信がない

Sense of recruiters

入退室時のあいさつで読み取れるポイント

入室時や着席する前のあいさつから、社会人としてのマナーや職務能力を見極めることができる。細々とした声であいさつをする人は、仕事に自信がないか、緊張していることが予測できるが、第一志望の企業ではなく、入社意欲に欠けている人もいる。着席前に名前を名乗らず、いきなり座る人は、ビジネスマナーを心得ていないため、対人関係がうまくいかない可能性がある。

あいさつの段階で面接官から天気や来社までの経路などの話題を投げかけてみよう。「天気が悪いですね」と言葉を投げかけ、「はい」としか答えられない応募者は、コミュニケーション能力が欠けている可能性がある。「はい、最近は例年と異なり、雨量も多いようですね」など、言葉のキャッチボールができる応募者であれば、社内、社外の人間との対人折衝能力について問題がない。

あいさつは、良好な人間関係を築くうえでとても大切なことだ。あいさつをおろそかにするようでは、職務能力があっても実績を上げられないかもしれない。

　あいさつのときに微笑みかけるような温かい表情、鮮明な言葉、メリハリのあるお辞儀ができる人は、仕事もきちんと遂行できる人だ。

　あいさつは最初のあいさつだけでなく、面接終了時のあいさつについてもチェックしよう。「ありがとうございました。よろしくお願いいたします。」という言葉に心がこもっていて、入社したいという強い意志を感じれば、応募者は面接に満足しており、入社への意欲がより高まったといえる。

　語る言葉の内容だけではなく、表情、語調、仕草から応募者の本音や本質を見極めることが、評価をするうえで重要なポイントになる。

あいさつから読み取れること

- あいさつに力強さがある（入社意欲・自信）
- 微笑みかけるようなあいさつ（優しさ・気持ちの余裕）
- 細々としたあいさつ（不安・緊張感）
- 天気などのあいさつ言葉を投げかけて答えられるか（コミュニケーション能力）
- 最後のあいさつ（入社意欲・面接の満足度）

Sense of recruiters

話すときの語尾から読み取れるポイント

応募者が回答で語尾をきちんと発音するか、見極めてみよう。**語尾が弱い回答は、回答内容に自信がないか、偽りの回答をしている可能性がある。**自信を持って発言をする場合、語尾に力強さがあり、説得力のある回答だと受け取れる。

志望動機や自己PRなどの予測される質問に対して応募者はあらかじめ回答を用意してくるケースが多いが、用意してきた回答が無理のある内容であれば自信を持って発言できず、語尾がどうしても弱くなる。よく聞き取れない場合は、再度、回答するよう促してみよう。

アピール材料にはならないと考え、語尾を明確に発言しない応募者もいる。能力がそれほどでもないのに、自信過剰で力強く発言する応募者もいるので、注意が必要だ。コミュニケーション能力や対人折衝能力を見極めるうえで、語尾が弱いとマイナスのイメージを与えるので、募集職種との関連性も検討しよう。

語尾が弱いだけでなく、早口で語る人も回答に自信がないことが多い。自信がないため、言葉に重みがなく、早口で回答してしまう。回答の内容だけでなく、語尾の強さや会話のテンポから、応募者の回答についての信憑性や自信を見極めることができるのだ。

面接官は、回答の内容だけでなく、回答が真実かという点についても注意を払い、気になる部分については確かめるようにしよう。

応募者の回答を鵜呑みにするならば、模範回答を準備してきた応募者を採用する結果になり、採用後に「こんなはずでは……」と嘆くことになるかもしれない。

語尾と口調から読み取れること

- 語尾が強い回答は信憑性が高い
- 語尾が弱い回答は偽りもしくは自信がない
- 語尾を明確に話す人は意志が強い
- 語尾を明確に話さない人は対人折衝能力を疑う
- 早口で話す人は内容に自信がない
- 早口で話す人は説得力に欠けることがある

Sense of recruiters

前職（学生時代）の経験から読み取れるポイント

転職採用であれば、前職の経験について応募者に語ってもらう。新卒採用では社会人経験がないので、学生時代に打ち込んだことなどの回答を求める。職務経験について、職務経歴書に記載されている内容を棒読みで読むような応募者は入社意欲が低いか、職務経験でアピールできる材料がないことが予測できる。できる応募者は事前に応募企業の募集要項を読み込み、求められている人材をイメージしたうえで、職務経験から活かせる部分を強調して語る。入社意欲がなければ、事前に応募企業で求められていることを調べず、今までの職務経験をただ語るだけで終わってしまうのだ。

新卒採用も同様に、職務経験がなくても応募企業で発揮できる適性を強調して語る応募者は、入社意欲が高く見込みがある。専攻した内容だけでなく、サークル活動、アルバイト経験、ボランティア活動などから、アピールできる内容を吟味して熱く語る学生は、入社後、仕事で求められることをすぐに把握し、行動できる人材だ。

応募者が職務経歴や学生時代の経験を語るときの表情にも注意を払おう。絶好のアピールチャンスだと考え、**企業が欲しがる能力を積極的に語る応募者は、短期間で戦力となり、活躍する人材**だろう。

数分間、延々と回答を続ける応募者がいるが、このような応募者に対して時計を見るなどのアクションを起こしてみよう。面接官の気持ちをくみ取って短縮する応募者は場の空気を読むことができて見込みがあるが、それでもペースを変えずに回答を続ける応募者は慎重に検討をするべきだ。

求める職務能力を踏まえて職務経験や学生時代について端的に語ることができる応募者は自己分析ができており、目標意識を持って行動する人材だ。

職務経験の回答ポイント

- 自社で求める職務能力を把握し、回答しているか
- 貢献できる職務経験上の強みを強調しているか
- 経歴の要点を簡潔にまとめ、回答をしているか

Sense of recruiters

退職理由から読み取れるポイント

退職理由も転職面接で必ず質問するが、退職理由から応募者の仕事への姿勢を読み取ることができる。

人間関係や前職の仕事が嫌で辞めたというネガティブな理由は注意が必要だ。回答が納得できるものであれば問題ないが、自社でも同様の問題が起きる可能性がある場合、採用は慎重に検討した方がいい。

中高年の採用で業績不振を退職理由にしている場合、業績不振を奪回するために取り組んだことについて確認をする。業績不振であれば仕方がないと考える面接官がいるが、管理職クラスであれば業績不振に陥った責任があるはずだ。

未経験からの転職の場合、「～がやりたいから」と退職理由を述べる応募者が多いが、前職が嫌で他の仕事に就きたいのか、未経験の職種への思いが強いのか見極めてみる必要がある。そのためには、未経験の職種へ就くために努力したことを聞いてみると、応募者の意欲と本気度を見極めることが可能だ。中途半端な気持ちで未経験の職種に携わるために辞めるようでは、自社に入社しても再び転職ということも有り得るだろう。

第二新卒では、社会人経験が短いため、退職理由にこだわるより、現在の気持ちと仕事への意欲を見極めるべきだ。新卒で就職した後、数年の勤務経験しかない求職者を求めている企業であれば、退職理由にこだわり過ぎてはいけない。

転職回数が多い応募者のなかには一定の周期で転職を繰り返している人がいるが、このような場合は決まった周期で仕事が嫌になる、あるいは、新たな分野に興味を持つことが予測できる。

退職理由で見極めること

- 人間関係が嫌で辞めていないか
- 仕事ができずに辞めていないか
- 業績不振を打開するために努力をしたか
- 自社でも同様の問題が起きる可能性がないか
- やりたいことが明確か
- 未経験であれば自主的に学ぶ姿勢があるか

Sense of recruiters

志望動機から読み取れるポイント

志望理由を見極めるポイントは、**応募者が自社で発揮できる強みを把握しており、貢献したいという気持ちがあるかという点**だ。多くの応募者は、前職の経験と共通している、待遇面がいい、労働環境が優れている、業績がいいという応募者の志向を志望動機として回答するが、志望動機に企業で貢献したいという企業側のメリットが含まれているか、見極めてみよう。

志望動機の回答から応募企業だからこそ入社したいという根拠と熱意があるかをチェックする。どの企業でも通用するような志望動機であれば、自社への思いがなく、嫌なことがあればすぐに逃げ出してしまうかもしれない。

志望動機は、応募者も必ず質問されることを予測してあらかじめ回答を用意してくることが多いので、質問の切り口を変えて「なぜ当社がいいのか？」「三年後に当社で何をしたいか？」という質問をしてみると、自社への思いをチェックできる。入社を真剣に考えている応募者は応募企業でやりたいことが明確であり、実現するための自分自身の強みを把握している。そして実現したいことが企業貢献につながることを面接官に具体的に説明することができるのだ。

面接では、応募者からマニュアル本に記載されている模範回答を求めているのではない。うまく語れても、応募企業だからこそ今までの経験を活かして活躍したいという思いがなければ、志望動機として評価できない。

面接官は、**回答が応募者本人の言葉で気持ちが自社に向いているかを見極めることが大切**だ。志望動機がシンプルで明確であれば、やりたいことの実現に向けて、厳しさや苦しさに耐えていける人材だ。

志望動機の見極めポイント

- 自分の言葉で語り、やりたいことが明確か
- 自社で発揮できる強みを把握しているか
- 待遇面や業績ではなく、業務に興味があるか
- 志望動機に企業貢献が含まれているか
- 回答から応募者の熱い思いが伝わるか

自己PRから読み取れるポイント

自己ＰＲの回答から、応募者が自己分析できているかを見極めてみよう。曖昧な回答しかできない応募者は強みを把握していないため、入社後、新たな分野に興味を持ち、退職する可能性がある。自分自身をきちんと見つめている応募者は、なりたい自分が明確なため、入社後も仕事の姿勢がぶれることがない。

自己ＰＲの回答では、具体的な経験や実例についても話をしてもらう。第二新卒であれば学生時代の経験であっても止むを得ないが、社会人経験が豊富な応募者であれば仕事に関連する実例を語るべきだ。三十歳近い応募者が学生時代をアピールすると、職務経験でアピールすることがないのか疑問を感じる。

自己ＰＲをアピールするチャンスと考え、いくつものアピール材料を長々と話す応募者がいるので、**時間を三十秒もしくは一分以内と決めて回答しても**

らう方法もある。自己ＰＲは、自分という商品のプレゼンテーションだと考えれば、決められた時間内にアピールする能力は、仕事の進め方やプレゼンテーション能力を見極めるうえでも有効だ。

志望動機や自己ＰＲという定番質問の回答を事務的に聞いているようでは、自社に見合う人材は採用できないだろう。優秀な面接官は、応募者の回答に興味を持って新たな質問を行い、言葉を引き出すことに長けている。応募者の回答が漠然としたものであれば黙って聞き流すのではなく、「具体的な事例を含めて説明してください」など、さらに言葉を引き出す質問をしよう。

自己ＰＲに正解はないが、**アピールした内容が自社で活かせるかという視点で考えると必要な人材が見えてくる。**

自己PRの見極めポイント

- 実例を盛り込み語っているか
- 自己PRが仕事と関連する内容か
- 自社で活かせるアピールか
- わかりやすくプレゼンテーションができているか

短所や失敗談から読み取れるポイント

長所は自己ＰＲと同様の回答内容になるので重複して質問する必要はないが、短所については確認しておきたい質問だ。短所が「気が短い」「飽きっぽい」など、業務に支障を与えるような内容であれば、さらに質問を行い、確認する必要がある。過去の短所で生じた経験事例を語ってもらうと自社で問題がないか見極められるだろう。

短所についてどのように捉えて改善しようとしているか、応募者から説明がなければ質問してみよう。短所は仕方がないという捉え方では、仕事においても「できなくても仕方がない」という業務しかできないだろう。

短所を認識したうえで、生活や業務に支障がないように自己改善している応募者であれば見所がある。「短所はありません」と堂々と回答する応募者もいるが、完璧な人間だと本当に感じているならば、向上心は期待できず、問題を起こしても自分は悪くないという考えで責任を転嫁するだろう。

また、失敗したことについて質問した際に、「大きな失敗はありません」と回答する応募者は、責任ある仕事をさせてもらえなかった人かもしれない。改善意欲や向上心に欠ける人材は、職務能力があっても企業では成長しないだろう。自己中心的な考え方で、失敗を失敗だと考えていないところが問題だ。

失敗事例でも短所と同様にどのように改善したか、確認をしよう。多くの失敗を経験している人は、その経験が糧となり素晴らしい仕事をする。

短所や失敗事例を明確に捉え、改善しようとしている応募者は「できる人」として活躍する可能性が高い。

短所や失敗したことの見極めポイント

- 実例や経験を交えて回答しているか
- 実例は職務経験に関連する内容か
- 短所を改善するために努力をしているか
- 失敗事例から学んだことを語っているか

Sense of recruiters

圧迫面接で読み取れるポイント

圧迫面接とは、応募者が回答に窮するような質問を投げかけ、回答の内容だけでなく、表情や態度から**ストレス耐性や対人交渉力などを見極める面接手法**だ。圧迫面接で応募者が回答できず、気まずい雰囲気にならないよう、面接官から言葉を投げかけるような気配りが必要だ。

女性の応募者に結婚や子育てについて興味本位で質問する面接官がいるが、このような面接官がいる企業には入社したいとは思わないだろう。入社後すぐに辞められては困るという面接官の心配は理解できるが、確認したいならば圧迫面接ではなく、応募者の将来について親身に考えている姿勢で質問しなければいけない。

圧迫面接で応募者の顔色や語調が変わるようでは、入社後、上司の指示や命令、対外的な交渉などはできない可能性がある。回答の内容が立派でも露骨に嫌な表情をするようでは、入社後、問題を引き起こすかもしれない。

応募者が答えにくい質問を投げかけても、応募者が面接官に対して描いているイメージによって受け止め方が異なる。面接官が親身に理解しようとしていれば、圧迫面接ではなく、採用したいが故に厳しい質問をしていると応募者は感じるだろう。

転職回数が少なくても辞める人はすぐに退職する。結婚しても長く勤務する女性は多い。自社が魅力ある企業で長く働ける企業だという誇りがあれば、社員が辞めていくことなど心配する必要はない。

圧迫面接は、本心を語らず、見極めにくい応募者に対して効果があるが、基本的な面接官のスタンスとしては頻繁に行うべき面接手法ではない。

圧迫面接で見極めること

- 厳しいことを言われても対応できるか（ストレス耐性）
- 面接官の疑問に的確に回答できるか（コミュニケーション能力）
- 嫌な質問にも顔色を変えず会話ができるか（コミュニケーション能力）
- 面接官を説得できる回答内容か（仕事への信念）

Sense of recruiters

退室時の態度から読み取れるポイント

面接官は、面接終了時に応募者がどのように面接を捉えているか見極めなければいけない。面接官は採用したいと考えていても、応募者が面接を通じて入社の意欲が失せることもある。入社の意志を確認するために「当社は第一志望ですか？」と質問をすることがあるが、「第一志望ではありません」と言う応募者はまずいない。

回答時の応募者の視線や表情に注意を払うと、一瞬、視線をそらして曇った表情をする応募者がいるが、このような場合は回答と裏腹に本音は第一志望ではないケースが多い。

退室時の応募者の表情や動向でも入社意欲を見極めることができる。面接に感謝の意を述べ、「よろしくお願いいたします」と心を込めて語る応募者の入社意欲は高いが、あいさつも上の空で早足に退室する応募者は内定を出しても辞退をする可能性が高い。

面接で緊張しており、面接から早く開放されたいという気持ちから早歩きで退室する応募者もいるが、入室時と退室時で態度や表情に変化がある場合は、面接で本人の意欲が失せたことが想像できる。

求人要綱では正社員の募集をしていながら、面接で契約社員なら採用するという説明をする企業がある。契約社員についても求人要綱に記載してあれば別だが、できる人材は話が違うと感じて入社したいとは思わないだろう。採否の判断をするのは企業側だが、入社するかどうかを決めるのは応募者だということを考え、退室時の応募者の入社意欲を見極めることは大切だ。

面接官の説明に魅力を感じ、入社したいと考える応募者は、面接終了時に顔が紅潮し、意欲を感じることができる。

採用したいと考える応募者であれば退室時の入社意欲を見極めたうえで、入社意欲に疑問がある場合は、再度、面接を行うなど、必要な対策を講じる必要がある。「来るもの拒まず、去るもの負わず」という姿勢ではなく、自社で必要な人材であれば、何としてでも採用するという意欲を持って面接を行おう。

COLUMN

人事が信じられない！

十数年前になりますが、新卒面接で男子学生に「何か質問がありますか？」と聞いたとき、「人事の方が信じられません」といきなり言われました。話を聞くと、人事担当者は愛想がいいが、どの企業も不採用になるため、不信感を抱いていたのです。彼の回答はマニュアル本をそのまま丸暗記したもので、我々も残念ながら不採用にしました。そのとき、私は、多くの求職者がマニュアル本を丸暗記した回答をして不採用になり、悩んでいるのではと感じました。そして「面接はマニュアルではない。面接は恋愛だ。」ということを求職者に伝えたいと考え、執筆をしました。面接では面接官に好感を抱き、応募企業だからこそ入社したいという気持ちを伝えることで面接官も応募者に好感を持ち採用につながるということを書きました。男子学生の一言が、現在の求職者支援、採用コンサルティングといった仕事のきっかけになったのです。

第8章

質問によって応募者の本質・本音に迫れ

Sense of recruiters

Sense of recruiters

応募者の境遇や経歴に共感する姿勢を見せよ

形式的な面接では応募者の言葉を引き出すことができず、自社に見合う人材か見極めることが難しい。応募者が本音で話すためには、**話しやすい環境を面接官が作る**必要がある。志望動機、退職理由、自己ＰＲという応募者があらかじめ予測してきている質問だけを投げかけても、企業が好む回答を述べるだけで終わってしまう。

厳しい表情で定番質問を行っているようでは、応募者は心を開かない。応募者と信頼関係を構築するためには、**面接官は応募者の境遇や経歴に共感する**必要がある。最初から応募者を否定した態度を取れば、応募者は、終始、緊張した表情で本音を語ることはない。入社後に応募者が活躍できる環境を提供できるか見極めるためにも、面接官と応募者が本音を語って、お互いに理解しなければいけない。

面接官は、自社のよい点だけでなく、問題点や改善していることも説明し、応募者が納得したうえで採用すべきだ。問題点を告げれば入社しないと考えて面接時に話をしないケースがあるが、内定後や入社後に事実が判明すると応募者はだまされたと感じ、入社後、モチベーションが下がるだけでなく、すぐに退職することも予想できる。完璧な企業などないのだから、現状の問題や改善していることを率直に面接時に話すと、応募者は入社後に違和感を抱かない。

新卒採用では集団で面接を行うことも多く、応募者の状況に合わせた話し合いが難しい面もあるが、転職面接では応募者と面接官がお互いのメリットを考え、ビジネスコミュニケーションを行うことが大切だ。

本音で話す環境

- 面接官が聞き手になり話しやすい環境を作る
- 応募者の境遇、経歴に共感する
- 自社の問題点についても説明する
- 両者のメリットを考え、面接を行う

Sense of recruiters

応募者への興味から言葉のキャッチボールを行え

応募者の回答に興味を持たなければ、会話は成立しない。応募者の回答を黙って聞き、質問を繰り返すだけでは、応募者の言葉を引き出すことは難しい。

応募者の回答に興味を持つと、より詳しく聞きたい点や疑問点が浮かんでくる。回答を黙って聞くだけでなく、興味のある内容についてより詳しく説明するように求めると、応募者は新たな説明を自分の言葉で語る。

応募者と信頼関係を構築する方法は、応募者に共感することだと前述したが、そのためには**応募者の回答や現在の状況に興味を持って接することが大切**だ。人間関係も同様だが、興味を持たれていると感じたときには、相手に好感を抱き、さらに詳しく話をしたくなる。面接官が応募者に興味を示さなければ、回答も淡白になり、応募企業への興味は半減してしまうだろう。

面接では言葉のキャッチボールを意識してみよう。応募者の回答に対してさらに質問を行い、また応募者に回答してもらうという言葉のやり取りから応募者の本質を見極めることが可能になる。

面接官が言葉を投げかけても期待するような回答がない場合や、応募者に熱意を感じないときは、自社への興味が薄いことが予測できる。面接官がオープンな気持ちで応募者と会話をしようとしても、応募者が一線を引いた回答を繰り返すようであれば、入社後も良好な人間関係を構築できないかもしれない。状況によっては、応募者に対して「自分の言葉で話してください」と促しても構わない。

面接は恋愛関係と似ていると説明したが、恋愛も相手に興味を持つことからスタートする。面接官が応募者に興味を持たなければ、応募者も面接官、つまり企業に好感を抱かない。優秀な面接官は、応募者が面接官や企業に興味を持たせる仕掛け作りがうまい。形式的な面接ではなく、言葉が飛び交う積極的な面接を行い、応募者の本質を見抜くことが大切だ。

定番質問の切り口を変えて質問せよ

志望動機、退職理由、自己ＰＲなど、定番質問については応募者はあらかじめ回答を用意してくるため、暗記した言葉をそのまま述べるケースがある。暗記した内容でも応募者の本心であれば問題はないが、採否を見極めるうえで誤った決断をしてしまう可能性がある。

回答を用意してくるので志望動機など聞いても無駄だと言う人がいるが、私はそのようには思わない。面接官が応募者はどうせ本心を語らないと考えているならば、面接など行う必要がないのではないだろうか。無駄だと言う人は、応募者の本心を引き出す技術がない面接官であり、人を見たら泥棒だと思えと考えている人だ。志望動機を聞いても無駄だと最初から否定する考えであれば、応募者を最初から疑っており、信頼関係など築けるわけがない。志望動機は本人が自覚し、入社後、迷わず仕事を行ううえでもぜひ確認するべきだ。

あらかじめ回答を用意してくる応募者は、見方を変えれば入社したいという気持ちの表れであり、評価できる一面もあるが、本心かどうかを見極めなければいけない。そのためには、志望動機でも「どうして当社がいいのか?」など、**質問の切り口を変えて応募者の言葉を引き出す**ようにしてみよう。入社意欲に欠ける応募者は、多くの企業のなかで応募企業がなぜいいのか具体的に説明はできないが、本気で入社したい応募者は明快に回答できるはずだ。

優秀な面接官は、応募者に対して疑心で面接を行わない。応募者を信じたいという気持ちで面接を行うからこそ、面接官の表情や言動から応募者へ気持ちが伝わり、本音で語るようになるのだ。

具体的な質問の事例とポイントは、次ページのようになる。参考にしてみよう。

定番質問の変形

- 職務経歴 ➡「今までの経験から当社で活かせることを話してください」
- 志望理由 ➡「多くの企業のなかでどうして当社なのですか?」
- 自己PR ➡「自社で貢献できることを話してください」
- 短所 ➡「仕事で失敗したことを話してください」

学生時代についての質問（新卒採用）

《質問例①》学生時代に失敗した経験を話してください。

成功体験はあらかじめ準備してくるが、失敗体験について回答を用意してこない学生が多い。「失敗経験がない」と回答する場合、自分の実力を高く評価しているため、向上心に欠け、上司の指示や命令に従わない可能性が高い。失敗が多く自己嫌悪に陥っている学生も問題だが、実力を誤解している学生はさらに問題だ。

自己分析できていない学生は、失敗を失敗と考えず、自分の強み、弱みを把握していない。失敗経験から学んだこと、どのように解決したか、さらに今後どのように活かしていけるかを語れる学生は、仕事でも経験を糧として成長していける。成功体験と合わせて質問しても構わないが、失敗から学んだことは、成功体験以上に将来の糧になる。

POINT

失敗体験から、自己分析能力、問題解決能力を見極める。

《質問例②》学生時代に誇れることを二つ挙げてください。

学生時代のアピールについて、一つではなく二つ挙げることは、学生は予測していない質問で、臨機応変に対応できなければ回答できない。日ごろから自分の行動を意識していない学生は、用意してきた自己ＰＲのみの回答になってしまう。誇れることが、仕事につながる内容かどうかを見極めることも大切だ。誇れることをどのように仕事で活かせるか考えていない場合、自己分析ができておらず、やりたい仕事についても定まっていない可能性がある。

容易に自己ＰＲを回答できる学生でも、具体的な経験について質問をすると曖昧な回答しかできず、信憑性を疑ってしまうことがある。

回答に正解はないが、この質問から学生時代の過ごし方、生活パターンを判断し、積極的に仕事を行うタイプかどうかをチェックしよう。

POINT

誇れることが業務に活かせ、信憑性があるか見極める。

《質問例③》仕事は、あなたにとって何だと思いますか?

漠然とした質問だが、この質問は学生が自ら考えて回答を導き出す必要があり、ぜひ聞きたい質問だ。「人生において大切なこと」など、曖昧な回答であれば、どうして大切なのかさらに追求してみよう。「なりたい自分」が明確な場合、回答に重みがあって熱意を感じるが、特に興味が持てる職業がないようでは、仕事について真剣に考えていない可能性がある。アルバイト経験があっても社会人として仕事に就いた経験がないことを考慮しつつも、仕事に対して夢や目標がないようでは、新卒新入社員として入社しても貪欲に業務を覚えていくことができない。プライベートやボランティアを重視する生き方が間違っているわけではないが、就職試験という観点で考えれば、仕事が第一で、仕事で自己実現していく姿勢が求められる。

POINT

仕事の捉え方から、仕事に打ち込める人材かどうかを見極める。

《質問例④》アルバイト経験から学んだことを話してください。

アルバイト経験がある学生に対して経験から学んだことを聞くと、自社における仕事のスタンスを予測できる。アルバイトだからといい加減な気持ちで仕事を行ってきた学生は、入社後も期待できない。四年間、アルバイトを続け、正社員以上の能力がある学生がいる。アルバイトやクラブ活動の経験がある学生は、企業における上下関係に対して戸惑うことなく溶け込める。アルバイト経験から仕事に活かせる強みをアピールできる学生は、経験のない学生より短期間で戦力になることが多い。

アルバイト経験は評価できても、アルバイト経験があることで、新入社員としてのさわやかさがなく、屁理屈を言う学生もいるので注意しよう。アルバイト経験を社会人としてどのように活かしたいかを質問してみよう。

POINT

アルバイト経験から、自社における仕事の姿勢を予測できる。

職務経歴についての質問（転職採用）

《質問例①》今までの職務経験のなかで、自社で活かせる強みを話してください。

職務経歴についてほぼ間違いなく質問を行うが、今までの経験を自社でどのように活かせるかという質問をすると、応募企業で貢献できることを考えていない応募者は回答に窮する。本来、この回答は志望動機や自己ＰＲの回答で応募者が述べるべきだが、この点を曖昧にしている応募者も多い。

ダイレクトにこの質問を行うことで、応募者の自社で働く意欲や自己分析能力を見極めることができる。「具体的な仕事内容がわからないので答えられない」という受身の応募者ではなく、前職の経験を活かして、応募企業だからこそ貢献したいという人を採用しよう。できる人は、自ら仕事を探して積極的にチャレンジしていく。

POINT

強みを自覚し、応募企業だからこそ入社したいという意欲を見極める。

《質問例②》仕事で失敗した経験を話してください。

成功事例は語ることができても、この質問をすると戸惑う応募者が多い。仕事で失敗したことがないという応募者は自己中心的であり、失敗しても責任転嫁する可能性がある。

失敗した経験を今後の仕事でどのように活かしていくか明快に回答できる応募者は、入社後も問題改善能力があり、見込みのある応募者だ。

回答しにくい質問だからこそ、応募者の本質を見極められる。回答だけでなく、語るときの表情や態度を見極めると、前向きに捉える性格か、失敗をいつまでも引きずるタイプかチェックできる。失敗を今後の糧にして、同じ失敗を繰り返さないように注意していることを確認してみよう。

POINT 失敗を今後の仕事にどのように活かせるか、見極める。

《質問例③》仕事で一番嬉しかったことを話してください。

この質問は、応募者が仕事に対してどのような姿勢で取り組んでいるかを見極めることができる。回答だけでなく、応募者が語るときの表情にも注意を払おう。本人の意思ではなく、模範回答を述べている場合、嬉しそうな表情ではないはずだ。仕事に目的意識を持って行動している人は、嬉しかったことについてすぐに回答できる。仕事に喜びを感じている人は、向上心があり、前向きに仕事を行うタイプだ。

嬉しかったことを回答してもらい、さらに興味のあるキーワードについて質問すると、応募者と言葉のキャッチボールができる。仕事に信念を持って取り組んでいる人は、嬉しかったこと、辛かったことを速やかに回答できるはずだ。

POINT 仕事への姿勢、捉え方を嬉しかったことから見極める。

《質問例④》未経験ですが、前職の経験で活かせることはありますか？

未経験の職種を希望する応募者であっても前職の経験で活かせることを把握している応募者は、仕事を真剣に考えている可能性が高い。前職の経験が無駄だったと捉える応募者ではなく、前職の経験があるからこそ未経験の仕事に就きたいと考える応募者が評価できる。何も活かすことがなく、新たな気持ちで仕事に就くという回答であれば、新卒採用と何ら変わらない。

どのような仕事にも共通するコミュニケーション能力や問題改善能力などは、具体的な事例まで確認してみよう。曖昧な回答をする応募者は答えに窮するが、活かしたいと考えていれば具体的な回答で面接官を納得させる。

回答だけでなく、回答時の表情や語調から応募者の新しいことへチャレンジする意気込みを見抜こう。

POINT

前職の経験を無駄と捉えず、活かしたいという姿勢は、評価できる。

志望動機についての質問

《質問例①》同業他社のなかでなぜ当社がいいのですか？

志望動機の変形質問だが、たとえば経理の仕事がしたいから志望したという理由ではなく、応募企業だからこそ入社したいという明確な理由を確認しよう。経理職に就きたいから入社するという理由だけでは、労働条件や待遇面で再び転職する可能性がある。「なぜ当社がいいのか？」という質問に面接官が納得できる回答をする応募者は応募企業の状況を把握し、貢献できることをイメージしているため、短期間で戦力になる人材だ。志望動機の回答が待遇面や労働環境など、応募者自身の理由だけでは、企業の状況が変わることで本人の意思が変わる。帰属意識を入社時期から求めることはできないが、多くの企業のなかで「御社だからこそ」という理由を確認することは、活躍できる可能性を見極めるうえで重要だ。

POINT　応募企業だからこそ入社したい意欲を見極める。

《質問例②》当社に入社したとして、三年後のあなたの姿を語ってください。

この質問から応募企業で活躍する姿をイメージしているかを見極めることが可能だ。三年後の姿をイメージできない応募者は入社を真剣に考えていないか、発揮できる強みを把握していない。「入社してみなくてはわからない」という回答をする応募者は仕事に前向きでなく、言われたことしかできない可能性が高い。応募者は活躍する姿をイメージすることで応募企業への入社意欲が高まり、ワクワクした気持ちになる。

三年後の姿を語ってもらうときに、自社では難しいキャリアプランを語る人がいるが、面接時に難しい点を説明し、納得したうえで入社するようでなければ、採用はできても戦力として活用できない。

この回答をするときの応募者の表情にやる気を感じるか見極めてみよう。

POINT

貢献できることを把握している応募者は、具体的に三年後の姿を語れる。

《質問例③》志望職種へ就くために自己啓発していることを話してください。

この質問は未経験の応募者に対して行うことが多いが、経験者であっても質問は可能だ。現状に満足せず、自己啓発をしている応募者は入社後も活躍が期待できるが、募集職種に関連する知識や技術について、企業任せで何もしていないようでは、入社後も企業が何もしてくれないと嘆くかもしれない。

転職は応募者にとって少なからず高いハードルを目指すことが多いが、レベルアップを希望するならば、自分自身でも努力をしなければいけない。何もせず、入社すれば何とかなるという考えでは戦力として活躍できないだろう。ブランク期間が長い人にもこの質問をしてみよう。時間を有効に使わないで何もしてこなかった応募者は、仕事の段取りを組めず、「できる人」として活躍できないだろう。

POINT

希望する職種に就くための自己啓発から、意欲と能力を見極める。

《質問例④》当社に入社できなかったら、どうしますか？

　志望動機に関連してこの質問を行うと、応募者の入社意欲を見極めることができる。募集職種に就きたいと考える応募者は別の企業を探すが、自社にどうしても入社したい応募者は、別の職種で求人があれば応募したいと回答する可能性がある。不採用になったケースについて質問をすることは応募者にとって失礼な質問だが、「御社にどうしても入社したいと考えています。不採用になった理由を考え、再度チャレンジします。」という回答であれば、企業への思いは相当強いだろう。

　企業への思いが強い場合、憧れだけで志望していることがあるので、仕事の厳しさなどについて説明をしたうえで意志を確認しよう。回答に正解はないが、この質問をしたときの応募者の表情、回答を見極め、本気で入社する意志があるか検討しよう。

POINT

応募企業だからこそ入社したい意欲を見極める。

《質問例⑤》あなたのやりたいことは何ですか？

やや漠然とした質問だが、「やりたいこと」「やるべきこと」が明確でない応募者は、入社しても再び転職する可能性が高い。新卒採用では社会人経験がないので曖昧な回答でも止むを得ないが、転職面接であれば、応募者自身が強みを把握し、やりたいことを明確に語れなければ、仕事ができる人とはいえない。

やりたことが自社で可能でない場合、入社しても定着しない可能性がある。やりたいことが自社で実現できることが前提であり、不足しているスキルがあれば、自ら積極的に学んでいく姿勢が望ましい。

やりたいことを語るときの応募者の目が活き活きとして熱意を持って回答しているか、表情や語調にも注意を払おう。

POINT

やりたいことが明確な応募者は、仕事に信念がある。

《質問例⑥》当社の店舗へ行かれたことがありますか?

サービス業などで店舗がある場合、事前に行ったことがあるかを確認してみよう。忙しくていけなかったというような回答では、本当に入社したいのか疑問だ。入社意欲が高ければ時間を作ってでも事前に店舗へ行き、商品や社員の働く姿をチェックする。行った経験があれば、感想を聞いてみよう。

日常生活の商品を扱うメーカーであれば、使用経験について質問してみる。これから人生を託す企業だと考えれば、応募企業で扱っている商品を手に取ったことがないようでは、第一志望でない可能性が高い。

採用したい人材であれば、次回の面接に進んだ場合は足を運んでみるようアドバイスしてみよう。それでも行かないようであれば、優秀な人材であっても採用を控えた方がいい。能力があってもモチベーションが低ければ、既存社員に対しても悪い影響を与えるだろう。

POINT

応募者の入社意欲と熱意を知るうえで、有効な質問だ。

自己PRについての質問

《質問例①》一分以内で自己アピールしてください。

時間は一分ではなく三十秒でも構わないが、時間を制限して自己アピールしてもらうことで、応募者のプレゼンテーション能力をチェックできる。自己PRでは長々と語る人もいれば一言で終わらせる人もいるが、時間を設定すると応募者は用意してきた回答では対応できず、自分の言葉で語ることを余儀なくされる。

職種にかかわらず、自分自身を相手に伝える能力は、ビジネスでは非常に重要であり、自己アピールがうまい人の周辺に協力者が集まる。自己アピールが仕事に関連性があるかもチェックしよう。第二新卒では学生時代の話題でも止むを得ないが、仕事に関連するアピールができない応募者は、職務能力についてチェックが必要だ。

POINT
プレゼンテーション能力と仕事の強みを見極める。

《質問例②》今までに最も打ち込んだことを聞かせてください。

打ち込んだことの回答が趣味やスポーツであれば、その経験を仕事に活かすことを意識して回答しているかチェックしよう。「その経験を仕事でどのように活かせますか？」とダイレクトに質問をしてみてもいい。企業に入社したいために面接を受けているにもかかわらず、仕事に関連性のない内容を話すようでは、場の空気を読めない応募者かもしれない。この質問では実例を語る必要があり、「頑張りました」という漠然とした回答はできない。

一つのことに打ち込んだ人は集中力が期待でき、結果はどうであれ、仕事に役立てることができるだろう。実務能力だけでなく、仕事に向かう姿勢を見極めるために打ち込んだことについて質問すると、応募者の人間性を読み取ることができる。

POINT

応募者の興味、集中力、忍耐力を見極め、仕事との関連性を探る。

《質問例③》あなたが入社したら当社で何ができますか？

志望動機と関連性のある質問だが、自己PRとして強みをどのように活かせるか本人が認識していなければ、自社で貢献できる人材にはなれない。応募者の入社意欲が高ければ事前に今までの経験を活かして貢献できることを把握して応募するが、意欲のない応募者は活躍する姿をイメージしていない。曖昧な回答の応募者は与えられた仕事しかできず、自ら仕事を積極的に行うタイプでないことが予測できる。

この質問で目を輝かせてやりたいことやできることを語れる応募者は入社意欲があり、仕事に熱意を持って取り組める人材だ。「頑張ります」という曖昧な回答ではなく、具体的に何ができるのか応募者が描いているイメージを確認してみよう。

POINT
活躍する姿をイメージしている応募者は、積極的に仕事を行う。

《質問例④》あなたの「ウリ」は何ですか？

仕事上の強みを認識しているか、確認をしてみよう。「特にウリはありません」と回答するようでは、入社後の活躍は期待できない。自己分析できている応募者は今までの経験からアピールできる強みを認識しており、職務経歴書でも強調して記載している。

注意したい点は、応募者がアピールしている「ウリ」が自社で活かせるか、面接官は検討する必要があることだ。優秀な人材でも自社で活かせる分野でなければ、入社後、応募者の意欲が失せるだけでなく、企業にとっても損失になる。

「ウリ」を積極的にアピールできる応募者は頼もしいが、語っている信憑性についても検証が必要だ。確認をするためには、アピールしている「ウリ」についてさらに質問を繰り返すと実力を見極めることができる。

POINT

自社で活かせる強みか検証し、信憑性を確かめる。

組織適応力についての質問

《質問例①》週末に食事会を行うとして、友人を何人、集められますか？

優秀な人材でも周囲の人間とうまくやれない人は、能力を活かすことができない。この質問は、応募者の人間関係を知るうえで有効な質問だ。「集められない」という回答であれば、友人、知人についてさらに聞いてみよう。

多くの友人を集められるという応募者に対して、どのような友人なのかさらに質問を行うと、応募者のプライベートの過ごし方が見えてくる。組織では周囲から応援してもらえるような人材でなければ能力を発揮できないことが多いので、人間関係についてチェックすることは重要だ。集められる人数が少なくても、親密な関係であれば評価できることもある。応募者と言葉のキャッチボールを行ううえで有効な質問だ。

POINT

友人関係を知ることで、組織適応力を見極める。

《質問例②》人間関係で大切にしていることは何ですか？

この回答に正解はないが、応募者が人間関係をどのように捉えているか見極めるうえで重要な質問だ。応募者の対人関係や人間性を垣間見ることができる。回答だけでなく、語るときの表情や語調にも注意してみよう。人間関係で嫌な経験をした応募者は、回答は立派でも曇った表情で語る可能性がある。この質問をすることで、前職を人間関係で辞めた場合、それまで抑えてきた言葉が聞けることもある。

年代や役職の違う人が集まって組織力を発揮するためには、円滑な人間関係が不可欠だ。円滑な人間関係を築けない人は、能力が劣る人より問題を起こすケースがある。それまで良好な組織が、問題のある社員が一人、入社するだけでうまくいかなくなることがあるので、面接官は人間性に不安があれば、不安を解消できるまで検証するようにしよう。

POINT

人間関係をどのように捉えているか確認し、組織適応力を見極める。

《質問例③》苦手な人と、どのように付き合いますか？

良好な人間関係を構築できる人は、苦手な人との付き合い方を把握している。ビジネスでは好き嫌いで付き合うわけではないので、苦手な人とも円滑な人間関係を築かなければいけない。この質問で「苦手な人はいません」という回答は、「嘘をついたことはありません」と同様に信憑性がない。過去の経験を事例として挙げてもらい、円滑な人間関係を築く方法を確認してみよう。

社内や社外の人間関係をうまくできない人は、せっかく入社してもすぐに退職してしまう可能性がある。新卒採用であれば同期入社の社員もいてお互いに話し合いもできるが、転職採用は、通常、個別に採用するため、円滑な人間関係を構築できるかは、採否のポイントになる。応募者の対人折衝能力についてチェックしてみよう。

POINT

良好な人間関係を構築する人は、苦手な人ともうまく付き合える。

《質問例④》メンターとする人はいますか？

メンターは指導者や助言者という意味だが、比較的、若い応募者に質問を投げかけてみよう。よい指導者がいることは、向上心があって実務能力を期待できるが、転職で前職の上司をメンターとしている場合、メンターへの思いが強いと新しい環境になじめるか心配がある。メンターのどのような部分を尊敬しているのかの確認を行い、応募者本人もメンターのようになりたい場合、具体的なキャリアプランについて質問しよう。理想を求めることは大切だが、現実を直視し、自分自身の力で解決していかなければいけないことも多い。メンターへの思いが強いと考え方が固執し、組織にうまく溶け込めない可能性もあるので、物事の捉え方や柔軟性について見極めてみる必要がある。指導、助言を受ける謙虚さと同時に、自らがメンターになるため、努力することも大切だ。

POINT メンターの存在を知ることで、応募者の仕事への姿勢を把握できる。

《質問例⑤》仕事で落ち込んだとき、どのように解決しますか？

応募者のストレス耐性、問題改善能力を見抜く質問だ。この質問からさらにどのようなときに落ち込むのか質問をすると、応募者の仕事の仕方が見えてくる。回答に正解はないが、落ち込んだときに解決する方法を把握している応募者でなければ、自社に入社しても活躍できないだろう。

仕事はうまくいかないことも多く、自分をコントロールできる術を心得ている応募者は、落ち込んでも立ち直りが早く、前向きに仕事に取り組む。

定番質問ではないこのような質問から面接官と応募者がコミュニケーションを取ることで、信頼関係が生まれる。落ち込んだ理由が些細な内容であっても、応募者に共感する姿勢が大切だ。

POINT

自己管理ができている応募者は、ストレスをうまくコントロールする。

《質問例⑥》今までの仕事で、協力者は多いと思いますか?

仕事ではＩＱ（知能指数）が高い人より、ＥＱ（心の情動指数）が高い人が伸びていく。ＥＱが高い人の周りには、協力者が集まり、ビジネスで成功する確率が高い。協力者がいないという回答では、人間関係に問題があり、孤立して行う仕事以外は、うまく組織に溶け込めない恐れがある。

協力者の質問から「どのようなとき協力してもらったか?」という質問を投げかけてみよう。面接では応募者から具体的な言葉を引き出すことで、自社にふさわしい人材かどうかを見極めることができる。協力者が多い場合、自分の損得だけを考えず、相手に対して思いやりを持って接する人材だと考えられる。孤立せずに周囲の人間とチームワークを築ける人材は、能力以上の実績を出す可能性が高い。

POINT

協力者が多い人は、周囲を巻き込む人間性に長けていて成功する。

圧迫質問

《質問例①》転職回数が多いですね。当社に入社してもすぐに辞めてしまいませんか？

転職回数が多い応募者は、自社でも辞めてしまわないか気になる。この質問をして「すぐに辞めます」と回答する応募者はいないが、転職を繰り返したことに共通する考え方があり、今後は長く勤務していく意志を見極めてみよう。圧迫系の質問では、回答だけでなく応募者の表情、語調に注意を払う。

転職回数の多さを指摘されて、黙ってしまうようでは自社に入社しても嫌なことがあれば辞めていく人かもしれない。ムキになって反発する応募者は、人間関係で問題を引き起こす可能性がある。転職回数が多いことを認めたうえで、今までの経験を活かして今後はじっくり仕事に取り組む姿勢をチェックしよう。転職回数が多いからといって切り捨てるのではなく、応募者の現在と将来について見極めることが大切だ。

POINT

応募者の過去と将来の捉え方から、仕事の取り組み方を見抜く。

《質問例②》短期間で辞めていますが、当社でもすぐに辞めてしまいませんか？

短期間で辞めた理由が自社でも当てはまるような内容であれば、同様の問題が発生する可能性がある。退職理由が労働条件が違っていたなど、明らかに前職の企業側に問題がある場合は、あまり気にすることはない。応募者の回答が曖昧な場合、人間関係や厳しい労働条件が原因であることが多い。

応募者が思うようにならないことが多いことを自覚しているかを確認したうえで、転職で優先する事柄について質問してみよう。優先事項が曖昧な応募者は、自己分析ができていないため、やりたいことが明確ではない。このような応募者は、嫌なことがあれば、他の企業がよく見えて転職を繰り返す可能性がある。キャリアビジョンをしっかり持っているか、応募者との会話から見極めてみよう。

POINT
自己分析ができていない応募者は、やりたいことが曖昧なことが多い。

《質問例③》未経験の仕事なので、若い年齢の人が上司や先輩社員になりますが、務まらないのでは？

年齢が高い応募者に対して、未経験者でなくても確認しておきたい質問だ。この質問で「務まりません」と回答する人はいないが、表情や語調に注意を払うと、一瞬、顔を曇らす表情を読み取れることがある。このような応募者は、年下が上司になることを予測していなかったのかもしれない。本人が問題ないと回答をしても暗い性格であれば、上司や先輩社員が使いにくい。年齢にこだわらず、新入社員としてチャレンジしていく積極性と良好な人間関係を構築できる明るさが求められる。

面接官として組織に適応できるか難しい判断をしなければいけないが、応募者と会話していて過去の実績を自慢するような応募者は現場でうまくいかないことが多いので注意しよう。

POINT

回答だけでなく、表情、語調から本心を読み取る。

《質問例④》通勤時間がかかりますね。毎日のことだから通えないのでは？

通勤時間も毎日のことだけに、採否を決めるうえで大切なポイントだ。採用したいがために残業が多い仕事であっても通勤時間に触れない面接官がいるが、確認を取らずに採用すると応募者から「通勤時間が長いので、残業ができません」と言われる可能性がある。内定を取りたいために問題ないと回答していることも考慮しよう。

通勤時間だけではないが、新入社員に特別な配慮をすることは既存社員のモチベーションを下げることになるので、出きる限り避けなければいけない。この質問をして、通えないようであれば転居を考えているなど、前向きな回答は評価できるが、転居費用を出してほしいと言われる可能性があるので、できることとできないことを明確に伝えよう。

POINT **応募者の本心を見抜き、仕事の現状をきちんと伝える。**

COLUMN

ポジティブ志向、ネガティブ志向

企業向けのセミナーをしていると、受講者の顔つきからポジティブ志向かネガティブ志向か見極めることができます。ポジティブ志向の受講者は、一つでも自社で使える手法や考え方を取り入れようと必死にメモを取り、セミナー終了後も質問をしてきます。一方、ネガティブ志向の受講者は、会社から言われたので参加しているという姿勢で、「どうせ実行できない」と最初から受け入れ姿勢ではありません。「理解はできるが、当社では……」と話を聞く体制ではないのです。セミナーでは、参加企業の状況を事前にお聞きしたうえで、実践できる内容をお話するようにしていますが、自社で活用したいという気持ちがなければ、何も変わりません。「できない」と最初から否定的であれば、改善、改革は期待できません。

セミナーを受講して成功するポイントは、他社の成功事例を自社に当てはめ、できることを実践していく行動力なのです。

第9章

内定から入社までに面接官がすべきこと

Sense of recruiters

Sense of recruiters

内定後のフォローこそ重要だと心得よ

面接官は、面接をして採否を決めたら業務が終わるわけではない。面接をした応募者が入社するまで、さらには入社後も気を配り、活躍できる人材に育てる必要がある。多くの面接官は採否を決めればいいと考えているが、**面接した応募者に対して内定後のフォローも行うべき**なのだ。

新卒採用であれば、内定をもらっても入社まで時間があるので、就職活動を継続する学生がいる。転職者の採用では、入社までの期間が短いものの、自分の選択が本当に正しいか迷う。在職中の内定者であれば、現在、勤務している企業に退職願を提出しなければいけない。採用試験を受けている段階では現職企業に内密に行っていても、いざ退職となると相当なエネルギーが必要になる。

面接で信頼関係を構築していれば、内定後も迷いや悩みがある応募者は、頼れる面接官に相談をするはずだ。相談がなくても面接官から一本電話を入れるだけでも大きな励みになる。内定を出したら事務担当者任せというのでは、応募者は企業に温かみを感じない。

内定後のフォローは、面接官だけでなく、事務担当者の受け答えや事務処理でも気を配る必要がある。労働条件などを記載した雇用契約書を内定者に渡さなければ、面接で説明をしていても最終的にどのような条件で雇用されるのか不安になる。内定後の対応に面接官の人間性が現れる。厳しい質問をしても内定を出したからには、気配りのあるフォローで応募者の気持ちを自社に向けさせよう。

内定後、応募者から一切連絡がない状況であれば、もっと自分に合う企業があるのではと新たな企業を探しているかもしれない。内定後のフォローは、面接官主導で進めていくべきだ。

内定者に対してのフォロー

- 雇用契約書など、必要な書類を送付する
- 悩みや不安に対しては原則として面接官が対応する
- 電話のやり取りなどで元気がなければ放置せず、対策を講じる
- 新卒採用では研修会・懇親会を定期的に実施する

Sense of recruiters

食事などのリラックスした場を設けよ

内定後に経営者や幹部を交えて内定者と食事会を設けると、内定者の入社意欲は高まる。面接では少なからず緊張していたため本音や本心で語らなかった人でも、内定を取れたことでリラックスした雰囲気で会話ができる。内定者は企業から優遇されている気持ちになって悪い気はしない。食事会に配属予定部署の上司や先輩社員を同席させると、内定者の入社後の不安を払拭できる。

食事会の出席を躊躇する内定者は、内定辞退の可能性もあるので注意が必要だ。

内定者に食事会まで設定する必要がないと考える採用担当者がいるかもしれない。以前は内定を出せばほぼ間違いなく入社したが、現在は内定を出しても他の企業を含めて検討していることが多い。**自社への入社を確実なものにするためにも、食事会で内定者と会話する機会を設けよう。**

採用した人材を活用するためには、モチベーションが高まる仕掛けをして頑張ってもらわなければいけない。入社の意思を固めて、入社後、短期間で戦力として活躍してもらうためにも食事会で自社の状況や将来像、さらに内定者に期待していることを説明しよう。経営者から、直接、期待していることを伝えると、内定者の喜びもさらに増す。

食事会を通して、面接では知りえなかった内定者の人間性などを見抜くことも可能だ。あらかじめ新入社員の性格や特性を理解しておくことで、受け入れる側も最善の体制を作ることができる。

内定者に対して面接官が頼もしい味方になり、気持ちよく入社できるように気配りを行おう。

食事会を設ける理由

- 食事会を通じて入社を期待していることを示す
- 配属予定部署の上司や先輩社員を同席させて不安を払拭する
- 面接では知りえなかった人間性などを見抜く

Sense of recruiters

全社を挙げて心から新入社員を歓迎せよ

入社初日に「こんなはずでは……」と入社を後悔する新入社員がいる。新しい環境になじもうと誰もが意気揚々と出社しても、受け入れ側の既存社員に気遣いがなければ、一瞬にして気持ちが滅入ってしまうのだ。

新卒新入社員であれば、研修プログラムをあらかじめ作って迎え入れるが、転職者の場合は即戦力として考えていることもあり、受け入れ時の気遣いに欠けている企業がある。出社して机が用意されていない、既存社員が入社することを知らない、初日に会社案内を一日中一人で読んでいるなど、既存社員が歓迎しているムードがなければ、転職者の気持ちは冷めてしまう。

入社時は、新入社員にとって話せる相手が誰もいない。既存社員から話しかければいいが、日常業務に追われて誰も相手にしないようでは問題がある。

少なくとも担当した面接官は応募者に気遣い、積極的に話をするようにしよう。

営業職の採用などでは、すぐに先輩社員と同行することも多い。初日に新入社員の名刺が用意されていると、新しい企業の一員になった自覚が持てて嬉しくなるものだ。

自社で活躍できる人材を採用するために面接を行うが、**大切なことは、入社後、活き活きと活躍できる場を提供すること**だ。面接をしたら後は配属部署任せというのではなく、最後まできちんと面倒を見る気持ちを持って行動しよう。採用後に責任を持てる面接官こそ、企業の将来を担う人材を採用できる面接官なのだ。

新入社員を温かく迎える手法

- 仲間として溶け込めるよう温かく迎える
- 名刺などの必要な備品を入社日までに準備する
- 社会保険などの手続きを速やかに行う
- 既存社員から積極的に話かける
- 研修スケジュールなどを立てて暇な時間を作らない
- 歓迎会を一週間以内に開催する

COLUMN

できる人が貢献するとは限らない

「できない人の育て方」というテーマで経営者や採用担当者向けにセミナーを行いましたが、極論を言ってしまえば、すぐにできる人になる方法などありません。できない人に対してどれだけ経営者や上司が親身に育てようと考えているかで、できない人の行動が変わります。育ててもすぐに辞めるからという気持ちがあれば親身に指導はできませんし、できないからと最初から見下して存在価値を認めないようでは、社員のモチベーションが上がるはずはありません。できる人のなかには、入社後、自己中心的な考えが強く、損得で物事を捉えて条件のよい企業に転職していく人がいますが、できない人を採用し、上司や先輩が親身に育てることで、自社で欠かせない貢献できる人材を育てることができます。育ててもらった恩と愛社精神を感じて、よい仕事をするのです。できない人を育てる秘訣は、四回誉めて一回叱りながら、わかるまで教えることです。

おわりに

採用手法や求人広告が時代の流れと共に変化しようとも、採用において面接を行わない企業はない。人が採れない時代になり、企業が応募者を選ぶ面接から、応募者も企業を選ぶ面接に変わってきている。面接官が選考しているという認識を改めなければいけない。

本書で、面接は営業と共通することを記載したが、今後、面接官の優劣が明確になっていくと考える。採れないと嘆いている面接官は企業で必要なくなり、採用するために常に問題意識を持って取り組む面接官が、実績を上げていくことになるだろう。

営業職が厳しく売上を追及されるなかで、人事職は採用できないときでも時代が悪いという一言で終わらせる風潮があったが、今後、少子化が進むなかで、人材を確保できない企業は存続できない恐れがあり、時代が悪いという流暢なことは言っていられなくなる。

面接で採否を判断することは、筆記試験のように簡単に点数で表せないところに、難しさがあり、面白さがある。優秀な経験のある応募者が、自社で活躍するという保証はない。適性検査で高得点を出しているからといって必ず戦力になるという保証はない。面接官が応募者との会話から自社に見合う人材か見極めることが、筆記試験や適性検査ではわからない確かな判断になる。

面接は、今まで知らなかった人との出会いの場である。一日だけの出会いになるか、企業の将来を左右する出会いになるかは、面接官と応募者の決断にかかっている。企業が繁栄していくうえで、面接官の役割は非常に大きくやりがいのある仕事だ。

本書をお読みになった読者の皆さまには、ぜひプロの面接官になっていただきたい。プロの面接官とは、自社で採用したい応募者の状況や心理を的確に把握し、応募者の気持ちを動かすことができる魅力的な面接官だ。

最後になるが、本書を執筆するに当たり、C&R研究所 編集長 吉成 明久氏に並々ならぬご尽力をいただいた。書面をもって、感謝の気持ちをお伝えできればと思う。

「面接チェックシート」のダウンロードについて

本書の138〜139ページで紹介している「面接チェックシート」をC&R研究所のホームページにある「データ館」というページからダウンロードすることができます。「面接チェックシート」を入手するには、次のように操作します。なお、入手する際は、このページに記載してあるユーザー名とパスワードが必要になります。

■C&R研究所のホームページ■
URL http://www.c-r.com

「面接チェックシート」のダウンロードに必要なユーザー名とパスワード

ユーザー名 mschs
パスワード m8dk5

❶ C&R研究所のホームページ(上記のURLのページ)を表示し、「データ館」をクリックします。
❷ 書籍名の一覧の中から本書の書籍名のリンクをクリックします。
❸ ユーザー名とパスワードの入力を求めるダイアログボックスが表示されたら、上記のユーザー名とパスワードを入力し、[OK]ボタンをクリックします。
❹「面接チェックシートのダウンロード」のリンクを右クリックし、表示されるショートカットメニューから[対象をファイルに保存(A)]を選択します。
❺「名前を付けて保存」ダイアログボックスが表示されたら、保存場所を指定して[保存(S)]ボタンをクリックします。

なお、「面接チェックシート」はWord文書(拡張子「.doc」)で作成していますが、ダウロード用のデータはZIP形式で圧縮されています。解凍を行ってから、ご利用ください。

■著者紹介

谷所《やどころ》　健一郎《けんいちろう》

有限会社キャリアドメイン代表取締役　http://cdomain.jp
日本キャリア開発協会会員
キャリア・デベロップメント・アドバイザー(CDA)

東京大学教育学部付属高校在学中にニューヨーク州立高校へ留学。武蔵大学経済学部卒業後、株式会社ヤナセに入社。その後、株式会社ソシエワールド、大忠食品株式会社で、新卒・中途採用業務に携わる。1万人以上の面接を行い人材開発プログラムや業績評価制度を構築する。株式会社綱八で人事部長を務めたのち独立。1万人以上の面接と人事に携わってきた現場の経験から、人事コンサルティング、執筆、講演、就職・転職支援を行う。ヤドケン就職・転職道場、ジャパンヨガアカデミー相模大野、キャリアドメインマリッジを経営。

主な著書
『選ばれる転職者のための面接の技術』(C&R研究所)
『選ばれる転職者のための職務経歴書&履歴書の書き方』(C&R研究所)
『人事のトラブル防ぎ方・対応の仕方』(C&R研究所)
『できる人を見抜く面接官の技術』(C&R研究所)
『新版「できない人」の育て方辞めさせ方』(C&R研究所)
『「履歴書のウソ」の見抜き方調べ方』(C&R研究所)
『再就職できない中高年にならないための本』(C&R研究所)
『即戦力になる人材を見抜くポイント86』(創元社)
『はじめての転職ガイド必ず成功する転職』(マイナビ)
『「できる人」「できない人」を1分で見抜く77の法則』(フォレスト出版)
『良い人材を見抜く採用面接ポイント』(経営書院) 他多数

編集担当：西方洋一

目にやさしい大活字 できる人を見抜く面接官の技術

2016年2月1日　　初版発行

著　者　谷所健一郎
発行者　池田武人
発行所　株式会社　シーアンドアール研究所
本　社　新潟県新潟市北区西名目所4083-6(〒950-3122)
電話　025-259-4293　FAX　025-258-2801

ISBN978-4-86354-780-3 C0034